U0598722

做有教育情怀的教师

主　编◎ 郭湘辉

副主编◎ 韩　丽　姜　山　邹　华

编　委◎ 毛凯琪　曹　佩　王　蓉　张　鑫
　　　　董彩霞　高佳诚　张宗茹　杨水平
　　　　谭斯月　傅　玉　郑建周　邓双丽

天津出版传媒集团

天津教育出版社
TIANJIN EDUCATION PRESS

图书在版编目（CIP）数据

做有教育情怀的教师/郭湘辉主编. -- 天津：天津教育出版社，2024.1
ISBN 978-7-5309-9057-5

Ⅰ.①做… Ⅱ.①郭… Ⅲ.①师资培养—研究 Ⅳ.①G451.2

中国国家版本馆 CIP 数据核字（2023）第 255077 号

做有教育情怀的教师
ZUO YOU JIAOYUQINGHUAI DE JIAOSHI

出 版 人	黄　沛	
主　　编	郭湘辉	
选题策划	吕　燚	
责任编辑	丁凡戎	
装帧设计	郝亚娟	

出版发行　天津出版传媒集团
　　　　　天津教育出版社
　　　　　天津市和平区西康路 35 号　邮政编码　300051
　　　　　http://www.tjeph.com.cn

经　　销	新华书店
印　　刷	天津融正印刷有限公司
版　　次	2024 年 1 月第 1 版
印　　次	2024 年 1 月第 1 次印刷
规　　格	16 开（710 毫米×960 毫米）
字　　数	200 千字
印　　张	12
定　　价	46.00 元

前 言

　　三尺讲台，诲人不倦；两袖清风，无私奉献，这就是教师的最美姿态。师者，不仅肩负着文化传承的使命，还肩负着一个时代的责任。情怀藏于心，何惧岁月长。正是有这样一群人，他们坚守初心，共担使命，把教育作为爱的事业去奉献，诠释着对教育情怀的理解。教育是充满爱与温暖的事业，为人师，当心守一抹暖阳，静待一树花开。

　　如何做一名有教育情怀的教师呢？本书可以给教师成长带来新的思考和收获。专题一全面分析了教师拥有坚定理想、树立奋斗目标的重要性，教师需不断增强责任感和使命感，不断进行自我挑战，这是拥有教育情怀的动力源泉。专题二、三、四围绕教师应具备的"有爱""坚守""专业"，分别阐述了教师要有仁爱之心、努力奉献、不懈追求，淋漓尽致地展现了教师要为自身专业发展所努力的方向，这是教师专业成长之路，也是拥有教育情怀的必备品格。专题五提出教师要善于"励新"，学会转变思维，深入探究教育的本质，实现从"教书匠"到"教育者"的跨越，从真正意义上实现自我成长。这是拥有教育情怀的重要因素。最后，本书专题六与专题一首尾呼应，并环环相扣教育情怀的意义，提出教师情怀需要"传承"，需要紧跟时代的脚步，让教师自身价值得到体现，从而真正成为一名有情怀的教师。

　　同时，本书还有几大亮点，值得大家关注与品读。

　　第一，本书旨在帮助教师更好地理解自己的职业及如何更好地教育学生，对消除教师职业倦怠有一定的积极作用。当今教育形势下，个别教师很少给自己规划未来和制定目标，只是停留在日复一日的备课、上课和批改作业的环节上，缺乏对自身成长的理性思考，渐渐陷入"职业倦怠期"。因此，本书可以很好地提醒教师教育学生不仅仅是传递知识，更是引导学生培养情感、培养人格。教师要将知识与情感融为一体，引导学生走向人生的广袤天地。

第二，阅读本书，可以让更多的教师认识到作为教育者的责任和使命，能够让更多的学生感受到教育的温暖和关怀。不仅要对自己的职业负责，也是对学生的成长和未来负责。教师要时刻铭记教书育人的使命，甘为人梯，甘当铺路石，以人格魅力引领学生心灵，以学术造诣开启学生智慧之门。一位有情怀的教师，一定希望每一个学生都能迸发出自己的能量，都能感受到爱和温暖。因此，教师必须时刻保持高度的责任感和使命感，尽自己最大的努力，为学生提供最好的教育服务。

第三，阅读本书，能够引起更多的人对于教育情怀的关注和思考，从而共同推动教育事业的发展。"情"是一种真诚执着的情感，"怀"则是一种宽广的胸襟。可见，一个拥有教育情怀的人，最重要的不是知识和能力，而是博大的爱心，尤其是对学生的爱。只有每个教育工作者都能意识到教育情怀的重要性，并全身心投入其中，才能真正实现自我价值的意义，才能做有情怀的教师。

撰写本书的教师团队，既有全国优秀少先队辅导员、"未来教育家"培养对象，也有"优秀师德巡讲专家""百姓学习之星"，还有许多在工作岗位上默默付出的一线教师。虽然他们来自不同的城市，执教不同的学校，但共同的教育情怀、共同的教育理想让他们相聚于此，诉诸笔端，与我们畅谈生动而幽默的教育故事。这些文字的背后，承载着对教育事业的热忱与执着，承载着对教育事业的奉献与期待，更承载着对美好教育事业的希望与追求。做有教育情怀的教师，应成为每一个教育工作者的不懈追求。

做有教育情怀的教师既是时代发展的需要，更是教师成长的标准。希望通过本书的探讨，能够激发更多教育工作者的情感投入，让每一个教师都成为有情怀的教育者，为学生的成长和未来播下温暖的种子！

目 录

专题一　理想：迎光而行赴热爱

教师要坚定理想信念，成为塑造学生品格、品行、品味的"大先生"；教师要情系家国、知行合一，与学生一起成为具有家国情怀的人；教师要勇担责任，全身心投入教育事业，为学生更好的未来；教师要坚定立德树人，引导学生形成正确的价值观。教师一直在跨越山河，奔赴理想，只为遇见最好的教育。

专题二 有爱：春风化雨润心田

　　教育就是爱，爱就是教育。爱是信任、尊重、激励和热情。如果教师的爱能深入学生的内心，就能激发出强大的能量，不仅能让他们的心灵萌发善良而又高尚的情感，还能激发他们的智慧之光。因此，爱是驱动学生健康成长的动力之源，爱是缩短学生与教师间差距的通道。

专题三　坚守：笃行不息书春秋

教师是勇敢的战士，因为他们勇于奉献，始终如一地面对困难，从不退缩。他们用自己的智慧和力量，帮助学生解决难题，实现梦想，为教育事业的无私付出令人敬佩。教师还是现实的践行者，他们不仅勇于战胜困难，更是脚踏实地的人。他们用自己的行动，为学生树立了榜样，教会他们如何面对生活中的挑战和困难。

专题四 专业：时光不负铸匠心

新时代的教师，不仅要"教书"，还要"育人"；不仅要会"讲"，还要会"写"；不仅要会教学，还要会研究。教师各方面的知识、能力，新的教育改革理念、新的时代背景和政策要求、新的教学方式方法，都需要在后天的职业生涯中不断学习、吸收和应用。可以说，教师的专业成长，是贯穿职业生涯全过程的重要的事情。

专题五　励新：求索探真做勇者

在当今充满变革与挑战的教育环境中，教师在勇于创新和探索的过程中摸索前行，不畏艰险，不满于现状，积极拓展自己的思维边界，不断挑战自己的舒适区，以更高的标准要求自己，从"教书匠"成长为一个"研究者"，形成一种新的充满活力的教师职业生活方式，引领更多教育同仁探索前进。

专题六 传承：薪火相传谱新章

薪火相传，是精神与力量的延续。创新是传承的延续和发展，是谱写教育新篇章的重要途径。在传承中，通过师徒相助，吸收新的教育理念、教学方法和教育资源，结合时代的发展和需求，不断创新教育内容和教育方式；通过教师、家长、社会三方形成合力，传承博大精深的中国精神、中华文化、道德风尚，培育有家国情怀的一代新人。

专题一
理想：迎光而行赴热爱

教师要坚定理想信念，成为塑造学生品格、品行、品味的"大先生"；教师要情系家国、知行合一，与学生一起成为具有家国情怀的人；教师要勇担责任，全身心投入教育事业，为学生创造更好的未来；教师要坚定立德树人，引导学生形成正确的价值观。教师一直在跨越山河，奔赴理想，只为遇见最好的教育。

在人生的旅途中，我们都是追梦人。有些梦想犹如星辰大海，遥不可及；有些梦想却像心中的明灯，指引我们前行。我们都有自己的理想，那是心中的光，照亮前行的道路，也是我们热爱生活的源泉。

面对困难与挑战，我们迎光而行。每一次跌倒，都是我们磨炼意志、坚定信念的时刻。在风雨中坚定前行，不是因为我们无惧困难，而是因为我们深知，只有经历过黑暗，才能更加珍惜光明。

赴热爱，如同赴约一场盛大的宴会。那是我们内心深处的热情与向往，是我们在疲惫生活中寻找的甜蜜与力量。因为热爱，我们愿意放下一切顾虑，全心投入；因为热爱，我们愿意不计回报，只为那一份心中的满足。

"育才造士，为国之本"，作为新时代教师，要带着理想和热爱，向光而行。教师的责任和使命，应是为党育人、为国育才，培养担当民族复兴大任的时代新人。

主题 1

理想信念，当"大先生"

教师是立教之本、兴教之源，教师托举着一个民族的未来。千年前，韩愈的一句"师者，所以传道受业解惑也"，道出了先生肩负"传播知识、传播思想、传播真理"的职责。千年后，清华园里，习近平总书记的一句殷殷重托"教师要成为'大先生'，做学生为学、为事、为人的示范，促进学生成长为全面发展的人"，响彻校园，落在每一位人民教师的心上，肩负起"塑造灵魂、塑造生命、塑造人"的使命。

一、何以为"大"：回应时代，做躬亲实践的行者

何以为大？激荡着千百年的治学底蕴，师者对育人之道的叩问始终步履不息、探索不止。生逢盛世，新时代教师要志存高远，胸怀大境界；志在四方，开拓大格局，做奋斗者，育时代新人。

1. 扎根祖国，肩负育人使命

坚定理想信念，扎根祖国，"大先生"应当是国之大者。2014年，习近平总书记在同北京师范大学师生代表座谈时指出："好老师心中要有国家和民族，要明确意识到肩负的国家使命和社会责任。"这要求教师要自觉肩负起为党育人、为国育才的光荣使命，立志培养担当民族复兴大任的时代新人。

心有大我、至诚报国的黄大年，留学他国十八载，放弃功名利禄，毅然决然返回故土。他以国家战略需求为己任，引领团队创造数个"中国第一"，用生命点燃中国地球探测的灯火。面对时代的召唤，他说，"我是国家培养出来的，只要祖国需要，我必全力以赴"。在他的精神鼓舞下，"黄大年式教师团队"如星火燎原，激励无数师生勇攀科研高峰，为民族谋复兴，为时代发展做贡献。

新时代教师应传承榜样力量，不断提高政治素养和历史使命感，厚植家国情怀，以"小我"融入"大我"。教师的育人工作不再局限于课堂上激扬文字、指点江山，更要扎根于学生的日常生活，将社会主义核心价值观时刻浸润在教育教学活动与实践活动之中，镌刻在学生的心上，堪当民族复兴大任。

每一位教师都是中华民族"梦之队"的筑梦人，每一个孩子都是扎根家园的种子。细心浇灌之下，这些种子总有一天能够长成参天大树，成为国家的栋梁，成为担当民族复兴的有志之士，扎根在祖国的土地上，谱写民族复兴的壮丽史诗。

2. 坚守初心，涵养教育情怀

"大先生"应是有教育情怀的人。情怀，是一种境界，是一种格局，是超越功利主义的追求，是源于内心的坚守。"忠于事业"与"热爱学生"正是教育情怀最亮眼的底色。

做有教育情怀的教师

涵养教育情怀，要选择淡泊名利、无私奉献。教师要默默耕耘在三尺讲台，一生秉烛，在教与学之间，致力于研究课堂，争做专业强者。如今，教育不再是谋生的手段，而是实现自我价值的途径，需以坚毅意志与不懈努力去抵抗孤独，不断修炼自我，在专业成长的道路上笃学前行。

涵养教育情怀，要坚守学生立场、以爱为本。教师应平等地尊重每一位学生，把温暖与情感倾注在学生身上，去读懂一个个生命的成长，由内而外地激发学生去探索、去追求未知的世界，用一生践行"爱学生"的朴素信条。

放眼杏坛，这样的典范，不胜枚举。"感动中国"年度人物胡忠、谢晓君夫妇就触动了无数国人的心弦。至今，这株怒放在高原上的并蒂雪莲已然支教二十二载。昔日的颁奖词，音犹在耳："他们带上自己年幼的孩子，却是为了更多的孩子；他们放下苍老的父母，是为了成为最好的父母。"他们选择了克己奉公，他们用生命提携了孤儿的成长，坚守在平凡的岗位去践行着不平凡的担当，彰显师者情怀。

时代向前，前辈们的声音回响不绝。"捧着一颗心来，不带半根草去"是陶行知的赤子之忱；"豁出命改变她们的命，值！"是张桂梅的无悔抉择……作为新时代的教师，带着情怀上路，在这片教育的浩瀚夜空下，用自己的能量提携着孩子发光发热，去守护这满天繁星。

3. 铸造师魂，弘扬高尚师德

范仲淹曾叹："云山苍苍，江水泱泱，先生之风，山高水长。"先生之风，是风骨，更是品德。教师是"塑造灵魂、塑造生命、塑造人"的工作，德行永远是第一位的。

如何锻造师德，弘扬高尚师德，唱响一曲赞歌呢？首先是修身立德。人民教师，如果没有高尚的师德，哪怕学识渊博也只能做教书匠，无益于学生的成长。新时代教师要锤炼"施教以德"的基本功，以"有理想信念、有道德情操、有扎实知识、有仁爱之心"的"四有好老师"为方向，扎根于中国特色社会主义教育土壤，不断提升道德修养和人格品质，自觉塑造社会尊重的"大先生"形象。

其次是博学练能。习近平总书记说："坚忍不拔才能胜利。"教育是一门叩问一生的学问，教师要带着思考，专注于教育实践，深耕科研，形成自己的教育风格。

最后是言传身教。教师要在以身作则中弘扬中华传统美德，用自己的道德情操引导学生把握人生方向，明大德、守公德、严私德。

"大先生"是道德之师。他们以赤诚之心、奉献之心、仁爱之心投身教育事业，铸就师魂，相信用一个生命唤醒另一个生命，让师德师风永葆本色。

"大先生"以"小"见"大"，作为小人物，位居小岗位，面向"小"学生，却彰显大格局、大情怀、大境界。"大先生"谱写大文章，初心不改，笔耕不辍，把自己的理想信念深深扎根在祖国大地上，让每一颗种子迸发出生命的力量。

二、向美而"生"：坚守杏坛，做立德树人的仁者

纵观古今，从那些"大先生"身上，不难发现，他们有"仁者"的气质，这是一种为教以德的风范、施教以爱的胸怀、从教以真的境界。更为可贵的是，他们向美而"生"，始终将学生的生命和成长放在首位。他们肩负着培养一支"未来实现中华民族伟大复兴中国梦的主力军"的重任，以"言出必行、行为规范的自我认知"为指导，塑造学生的"品格""品行""品味"。

1. 为学以勤，匠心淬炼学生品格

教师作为"为学"的典范，又处在信息时代的浪潮之中，更需要广博的知识功底。为此，新时代教师要立足知识发展的前沿，以工匠精神专注于阅读，做一位踏踏实实、真真正正的读书人，不断充实、拓展自我，让自己保持精神丰盈、视野开阔。

当代教育家朱永新说："一个人的精神发展史就是他的阅读史；一个民族的精神境界取决于这个民族的阅读水平。"数千年来，被尊为"至圣先师"的孔子，莫过于一位"书呆子"，《论语》有言"十五志于学，学而不厌，诲人不倦，发愤忘食，乐以忘忧，不知老之将至"。孔夫子勤学不倦，诗礼立身，感染着门

下弟子三千，成就"七十二贤"的育人佳话。教师应勤于阅读、精于动笔，在阅读中寻找自我，在写作间沉淀自我，为自己扫出一片心灵的净土，在勤勉求索路上，做执着的匠人。

教师率身垂范，他们对学识的孜孜追求不仅可以锤炼学生"勤学善思""明辨笃行"的品格，更能让课堂焕发生机，如沐春风的讲解、因势利导的教育智慧，无不滋养着学生的生命，引导他们向更高处漫溯。

2. 为事以恒，静心涵养学生品行

李镇西老师曾说："最好的教育是感染。"教师作为学生"为事"的示范，要持之以恒地感染学生，潜移默化地成为学生成长的引路人。

无数的"大先生"，正是如此践行着。全国劳动模范、浙江省德育特级教师郑小侠，也曾多次发出"不要感动，要点燃"的宣讲。从教 24 年以来，郑小侠从未因为个人原因缺席过早自习。学校要求学生晨跑期间，无论酷暑寒冬，郑老师每天 5 点多起床，早早等候学生的到来，不知不觉中将勤奋、自律等美好品行，传递到学生心目中、言行间。

润物细无声，教师的人生态度、职业精神、理想追求，无一不予学生以终身影响。教师要静下心来，一位勤勉敬业、乐于奉献的教师，必然能更好地涵养一批勤勉务实、追求卓越的品德少年。

3. 为人以真，慧心锻造学生品味

"千教万教教人求真，千学万学学做真人"，"大先生"做真教育。教师作为学生"为人"的表率，只有为人以真，学生才能塑造求真务实的品位，真正担负起民族复兴的时代重任。

行走在多元文化时代，中国的教育阵地正在走失，西方文化渗透无处不在，"毒教材"事件触目惊心，使学生的价值判断和道德认知受到冲击；"贩卖焦虑""过度内卷"等词眼充斥在师生面前，让人无所适从。教师更要拥有独立的思考，拥有一颗"保持清醒，敢于批判质疑"的慧心，在三尺讲台上捍卫社会主义核心价值观，引导学生求真务实，树立正确的人生观、价值观、世界观。

当下的课堂，要回归教育本真，更加关注育人价值的实现，"给学生心灵埋

下真善美的种子，引导学生扣好人生第一粒扣子"。教师要把握好"两个度"，利用课堂锻造追求"真善美"的品味。一是情感的深度，要将自己的情感融入教育中，让每一堂课焕发生命力，讲到学生的心底去。二是方法的适度，在备课上，基于教材，适度开发。在授课时，根据学生在课堂的反应，灵活应对，适时拨动学生的心灵，激发他们的求真、至善、向美之心。

"为人以真"就是要求教育者用心去做教育，用情去感动学生，这是每一位教师永恒的追求。

三、敢为人"先"：求实创新，做终身学习的智者

当下，时逢百年未有之大变局，国际竞争态势激烈，教育自身的迭代革新从内到外打破墙围。一百年前杜威就说过，"如果我们仍然以昨天的方式教育今天的孩子，无疑是掠夺了他们的明天"。

"大先生"作为学生锤炼品格、学习知识、奉献祖国的引路人，也应是寻求专业发展的智慧型教师，精进专业，应践行终身学习的意识，前行在教与学的大道上，致力于以"预见未来"的宽视野照亮教育的美好未来。

1. 潜心治学，厚积薄发

"大先生"需要大学识，以广阔的教育视野勤学善研，催生无数桃李芬芳。新时代教师生活在一个知识迭代更新的时代，一个教师想成为"大先生"，要勇于自我革新，发自内心地寻求发展之道。

其一，要"学无止境，蓄力前行"。教育者应以"但当涉猎""精耕细作"，摒弃"闻道有先后，术业有专攻""不求甚解"的信条，积蓄一泓源源不断的活水；还需注重跨学科素养的培养，树立超越学科的专业理念，这样才能为学生的未来、教师的发展赋能。

其二，要"自省吾身，常思己过"。很多时候，教育者把"研究"过分依托于各类工具。于是，专家的讲座、特级的书、名师的课此起彼伏；"新教师""新锐教师""未来教师"应接不暇……新的知识随时充斥在眼前，却难以在实践中落地。教师的"研究"便是做一名"反思性实践者"，不是要加入新的东

西，而是要不断砥砺真正必要的东西，下决心剔除不必要的东西。教师要回归教学，在上课与评课之间主动反思，善于在教育实践中挖掘问题，并提炼为研究课题，进行深度追问。

其三，要"时刻准备，稳抓机遇"。面对百年未有之大变局的历史关口，教师要看得见挑战，也要从中发现机遇，以超前的意识做好准备，积极融入变化。教师要不懈怠每一堂课、每一回研修活动、每一次教学任务，时刻准备提升自我，等待机会的降临。

2. 与时俱进，革故鼎新

"互联网+"呈现信息多元化，引领着技术手段的革新，更推动着思维方式的变革，为教育带来新思考。教师需要转变教学方式，从单纯的知识灌输转向以研究为导向的教学，引导学生从知识获取转向问题解决、现象解释和任务完成，不断追求有意义的学习成果。

教育要研究学生，教育者要变成学生，站在学生的视角思考问题，积极创新育人方式。基于此，新时代教师应从"教授知识"转变为"研究知识"，让学生用自己的语言把知识表达出来，把知识要点转化成一系列问题，并尝试解答问题；从"题海战术"到"寓教于乐"，顺应学生的天性，为学生提供多样性选择和多种成功的可能，尊重学生的个体差异和冒险精神，做到师生共同学习、共同成长；从"耳提面命"到"以文化人"，发挥文化的力量，潜移默化地影响学生。

李吉林老师潜心科研，她从中国经典的文化中寻"根"，从中国古代文论刘勰的《文心雕龙》出发，将从中归纳出的"真、美、情、思"四大元素创造性地运用于小学教育，从"情境教学"到"情境教育"，从"情境教育"到"情境课程"，直至涉足学习科学领域的"情境学习"，不断探索，走出了一条极富特色的"情境教育"之路，千万学子因此受益。

"大先生"应与时俱进，致力课堂，乐于教学，不断在教法与学法上进行有益的探索与尝试，适时、适法地伸出援助之手，让学生自我成长、成就自我，用自己心灵深处的能源去照亮学生的精神世界。

3. 教学相长，知行合一

著名哲学家雅斯贝尔斯在《什么是教育》中指出，"教育的本质意味着：一棵树摇动另一棵树，一朵云推动另一朵云，一个灵魂唤醒另一个灵魂"。力的作用是相互的，教育是心与心的碰撞，每一位教育者也是一棵被摇动的树、一朵被晃动的云、一个被唤醒的灵魂。

"大先生"要心装"小学生"，谨记"有教无类"，以"尊重"为核心，平等地悦纳每一位学生；践行"因材施教"，有的放矢地培养每一位学生。在坚持"以学生为中心"的教育生态建构下，"教师的专业发展"与"学生的生命成长"构建起命运共同体。

在《在那颗星子下》一文中，舒婷中年回首，久久不能忘怀自己中学时代的林老师。一次英语考试前夕，舒婷溜出去看电影，第二天凭借强记能力意外得了全班第一。可是试卷讲评课上，到黑板上重做，她一下从 113 分跌到了 47 分。但在总评时林老师为舒婷打上了一个"优"，并借势引导她不该糟蹋自己的天赋。在那一瞬间，林老师融入身后的星空中，奔腾而下，成为舒婷记忆中最耀眼的星辰之一。

教师要坚持学生立场，把学生放在第一位，不遗余力地解决学生学习、生活上的困境。一次耐心的聆听、一次诚挚的家访、一句简短的表扬……看似稀松平常的小事却可能是学生受益终身的开端。真正的教师，会抓住学生身上点滴问题；真正的教育，始于平凡和乏味的琐事。

教师要"宽以待人"，面对这群未长大成熟的学生，更要多一分耐心。教师要意识到"犯错"是学生成长的垫脚石，要巧妙运用教育智慧，将其转化为育人资源，引导学生前往正确的道路。在问题解决的过程中，教师也在成长，逐步形成独属于自己的教学经验，在诗化的教育生活中成就自己。

教育需要"大先生"，照见当下、洞见未来，在每一刻都能看见其中的美好，在每一刻都能向美、向无限可能而生。师者匠心，止于至善；师者如光，微以致远。漫漫长夜中，他们执一抹萤光，不窨微茫，燃灯奔走，做新时代的"大先生"。

主题 2

家国情怀，永恒旋律

古人云："经师易求，人师难得。"教师日常教学中，应该做到"经师"和"人师"的统一。既要精于"授业解惑"，更要以"传道"为责任和使命，培养拥有心忧天下之情怀、拥有经时济世之志向的新时代人才，培养具有大心胸、大格局、大视野的智慧人才。心有大我、至诚报国，教师要让自己具备家国情怀；青衿之志、履践致远，教师要让学生感悟家国情怀对自身成长的意义；丹心铸魂、粉笔筑梦，教师要全力帮助学生实现家国情怀。这是教师的理想和追求，更是立身养德之本。同时，教师与学生形成共同目标，达成共同见识，教师是为国所教，学生是为国所学，汇聚全部的力量，一起高举家国情怀的旗帜，一起拥抱未来。

一、心有大我，至诚报国

从古至今，家国情怀已深深根植在每个中国人的内心，并体现在炽热的爱国行动中。作为新时代教师，更需要带着这种信念去鼓舞每一位学生。教师不仅是传授学生知识的教育者，也是塑造学生品格的引路人。情系家国、恪守初心和逐光而行是我们必备的品质。教师要将国家和民族的荣辱牢记于心，时刻以学生的成长为己任，明白自己首先要有家国情怀的重要性。

1. 情系家国，志存高远

家是最小国，国是千万家。炽热的家国情怀一直是中华儿女的精神土壤。一个教师要面对无数个学生，其价值观、心胸格局会直接或间接地影响无数个家庭。因此，教师不仅要注重培养学生的爱国情感和社会责任感，还要在言传身教中传递对国家和社会的热爱之情，使学生既热爱家庭，更热爱国家。这不仅是思想上的领悟，更是行动上的努力。

志当存高远，才能守护初心、脚步不止。教师承担着培育新人的重任，要树立终身学习的理念，拓宽知识视野，不断提高专业素养和教育教学水平，用自己的行动引领学生的进步，这是作为一名教师必备的素养。

西安交通大学校长王树国，是激励青年积极投入国家发展的导师，为国家源源不断输送了一批又一批栋梁。而早年的他，只是一位农民并过着艰苦的生活。15 岁进入大庆油田当工人，由于没有文凭，他一直干最累最苦的活。但他没有放弃，依然对生活充满了热情与追求，凭借自己的努力在哈尔滨工业大学本硕连读，拿到博士学位之后又去法国留学深造。

可是学有所成的他做了一个惊人的决定，果断放弃国外的高薪，义无反顾地回到祖国，回到母校潜心做研究，攻克一个又一个技术难题，在他的不懈坚持下，母校的工学科目优势开始名扬全国。他还用自己的思想智慧教导青年学生："忘却什么都可以，但不能忘却祖国，这是我们的生命之本，是我们这个国家、这个民族赖以生存之本。不管我们每个国人在哪里学到本领，最终都要想着为祖国奉献。"脚踏实地、努力追求，并用自己的力量报效祖国是他一生的追求。王校长用自己的事迹启迪我们：教师的家国情怀需要拥有丰富的学识、扎实的本领和一颗积极上进的心，并用自己真正的行动去诠释家国情怀的意义。

2. 心怀赤诚，恪守初心

攀登之途路漫漫，为师者当坚守初心，心怀赤诚。学生的成长路程，如攀登高峰，道阻且长，教师应成为学生的陪伴者、支持者、助力者。在学生迷茫时，用心引导，尊重每一位学生；在学生脆弱时，用爱陪伴，鼓励每一位学生；在学生渴望帮助时，用行动证实，关注每一位学生。无论环境多么艰难，都能心怀赤诚、认真对待每一位学生的成长，这就是一颗赤子之心，这就是教师最美的姿态。

"让瑶乡儿女走向世界"是"校长爸爸"莫振高的座右铭，他一直奔走在全力帮助贫困学子实现大学梦想的路上。由于工资只是杯水车薪，从未向人伸过手的莫爸爸还走向了"化缘"之路。他爱校如家、爱生如子、爱岗如命，甚至去世前还在安排学校的事情，把毕生的精力全部奉献给了教育事业。曾记得他对学生的爱，不仅是师生之义，更有亲人之情。遇到难事，一句"你们怕什么，天塌下来有我顶着"更是给了学生满满的安全感和力量感，他们不再惧怕前行的路，因为莫爸爸就在前方。守望初心，砥砺前行。"校长爸爸"的行动在引领我们：教师的家国情怀需要一颗赤子之心，需要用爱和希望去浇灌每一位学生的心灵，并坚定不移地带领学生走向远方。

3. 向阳而生，逐光而行

教育是一条很长很长的路。在这条路上，教师也许经历风光无限，也许经历风雨满肩。有情怀的教师会以积极乐观的心态投入工作，关心爱护每一个学生，以爱为底色，成为最有温度的人。同时，有情怀的教师也会指引学生，懂得要像太阳一样积极乐观地面对生活，不惧风雨、不畏前行，在充满爱和希望中努力成长，照亮自己，温暖他人。

教育也是鼓舞人们积极向上的力量，就像点燃"一团火"，让人感受到友爱和温暖。曾记得，在农村的一所小学里有许多留守儿童，他们从小没有父母的陪伴，只能和爷爷奶奶相依为命。但随着时间的流逝，这些孩子的成长问题也开始凸显。许多孩子开始缺乏自我约束力，无视规章制度，行为习惯越来越差，甚至产生厌学、自闭等不良心理。于是，该校的教师自发开展了许多活动，让孩子们感受到学校也是他们温暖的家。这些教师记住了每个孩子的生日，给他们送上最真诚的祝福；帮助他们拨通父母的电话，感受父母对他们的爱与牵挂；给孩子们"结对子"，让每个孩子不落单……在大家的共同努力下，孩子们的性格也逐步发生了变化，变得更开朗、更自信。追光而遇，沐光而行。教师的家国情怀还需要一颗永远积极向上、永远充满希望的心，这样才能带领学生靠近光、追寻光。

二、青衿之志，履践致远

青衿怀壮志，行稳方致远。家国情怀不仅是中华优秀传统文化的基本内涵之一，还能更好地促进孩子的发展。因此，教师要重视培养学生的爱国热情，并通过有技巧的引导将这种热情落实到生活和学习上，为学生赋能；同时充分重视师生关系的对接交流，在日常相处、课堂课后有意识地传达正能量，让教师的生命在学生身上得以延续。教育的真谛是为党育时代新人、为国家育栋梁之材，教师更要帮助学生明白拥有家国情怀对自身成长的意义和价值。

1. 欣逢盛世，同向同行

恰逢中华之盛世，教师应与新时代同向同行。党的二十大报告指出："坚持为党育人、为国育才，全面提高人才自主培养质量，着力造就拔尖创新人才，聚天下英才而用之。"作为新时代的教师，何其有幸，欣逢盛世，聚天下英才而教之；又何其惶恐，因为这意味着肩上有了更大的责任和使命。盛世的机遇，呼唤着教师与时俱进，以坚持初心、追求卓越的精神，为国家的繁荣和人才的培养贡献自己的力量。

"人间万事需自为，跬步江山即寥廓"，在这大有可为的时代，教师应以永不懈怠的精神状态和一往无前的奋斗姿态，紧随时代的脉动，为祖国的发展培养最需要的人才。某小学音乐教师，就以中华文明传统乐器——古筝为教学课程特色，在课堂的教学过程中自然而然地传承中华优秀文化，传达出"文化自信"的基本观点，寓教于乐、润物无声。教师在课堂上践行家国情怀的教学模式，发挥了文化育人的作用，为学生提供了源源不断的学习动力，让学生明白了家国情怀的重要性。

2. 共担重任，不负盛世

为师，应以吾辈之青春，不负中华之盛世。教育是国家的未来，而教师则是培育未来的希望。面对社会的多变和知识的快速更新，教师肩负着更重要的责任，需不断拓展知识领域，提升教育教学水平。同时，教师也要积极参与教育改革，推动教育模式的创新，确保学生能够更好地适应未来的挑战。

共担重任，不负盛世，是教师的使命和追求。教师要以高度的责任感，为培养人才而努力奋斗，不辜负时代的厚望。2020年的序幕让人出乎意料，惊心动魄的抗疫之战开始了，很多学校不得不延迟开学。许多教师创新采用线上教学的方式，为学生提供了稳定有趣的学习渠道。在课堂上引导学生掌握抗疫知识，进行自我防护；并搜集千千万万仍坚守岗位的抗疫英雄人物事迹，感悟在这些爱国榜样人物身上体现出来的家国情怀。教师引导学生在实践中感悟与反思，正是在帮助学生如何适应新的生活变化，有效提升了学生的思维认知。教师在实践中践行家国情怀，让学生从正能量的榜样上汲取精神力量，为学生未来发展提供了源源不断的精神力量。

3. 智慧传承，共谱新篇

为师，愿以吾辈之青春，谱育人新乐章。教师是智慧的传承者，在教育过程中，教师不仅要传递学科知识，更要传递人生的智慧。教师可以借助名人事迹、历史故事，引导学生认识社会现实，树立正确的价值观，也是帮助学生认识家国情怀的重要方面。

智慧传承，谱写新章，是教师的神圣职责，也是教育事业的光荣使命。通过智慧的火炬，传递着人类文明的精华，引导学生在智慧的指引下追求真理、追求卓越。于漪先生的事迹让我们感动万分，她在教师这个职业上寄托了一生的热爱与追求。她说："与其说我做了一辈子老师，不如说我一辈子学做教师。"这份教育热情让我们明白，作为教育者，在教育学生的同时首先要教育自己。所以，教师要让自己真正成为一名拥有家国情怀的中国教师，才能以身作则去感染学生的心灵。家国情怀的传承，不仅是教育的核心，更是社会进步的动力，让教育的殿堂充满着智慧的芬芳，谱写出不断创新、不断进步的新篇章。

三、丹心铸魂，粉笔筑梦

"三寸粉笔，三尺讲台系国运。一颗丹心，一生秉烛铸民魂。"这是教育事业中永恒的主题。作为教师，要在所言所行中渗透立德树人理念，用自己的教育智慧，全力帮助学生成为具有家国情怀的人，为国家培养栋梁之材。以爱育人、言传身教、坚定自信是我们的责任和使命。

1. 树人铸魂，以爱育人

让学生领会爱的含义，让孩子心中充满爱。这是教师帮助学生成为具有家国情怀之人的首要条件。在生活中，孩子只有开始学会爱自己、爱父母、爱教师、爱身边周围的一切时，才能明白"爱"的真正含义。因此，教师要用爱心滋养学生的心灵，让"爱"在学生心中种下正义的种子，让他们成为有思想、有情感、有责任的社会栋梁。

韦莉与孩子们"双向奔赴"的故事让人动容。她是与学生做笔友的"书信校长"，用一封封的书信，走进了每个孩子的内心。在她担任校长的 600 多天里，总共给学生回信 700 多封，累计 10 余万字。无论她的工作有多么忙碌，她都会抽出时间一封一封地浏览信件，了解与感受来信人的需求，然后逐一登记来信人的信息，再给学生一封一封地回信。在回信中，韦校长从未敷衍学生，而是用自己的真情和爱去安慰、去帮助每一个学生。在韦校长这种爱的力量下，学生的心扉逐渐打开，行为习惯越来越好，开始爱上学校并爱上学习。教师帮助学生成为具有家国情怀的人，需要以爱育人。

2. 言传身教，润物无声

学会言传身教，做学生的榜样。这是教师帮助学生成为具有家国情怀之人的重要条件。"一棵树摇动另一棵树，一朵云推动另一朵云，一个灵魂唤醒另一个灵魂"，这是师生之间浪漫的映照。教师在教书育人的前提下，先要规范好自己的行为，树榜样、立师德、传师风，正确引领学生，做每一个学生的引路人。学高为师，身正为范。亲其师，方信其道。

张伯苓劝诫学生戒烟的故事可谓言传身教的经典。张老师发现学生的手指被烟熏黄了，便去劝学生戒烟。结果反而遭到学生的质问："您吸烟是否损害了身体健康？"张老师不但没有对学生生气，也没有用老师的身份去责骂学生，反而开始自我反思，并将自己的烟袋全部销毁开始戒烟。为了学生，为了学生的健康成长，张老师以身作则，从改变自己开始，用行动无声地影响着学生。由此可见，教师帮助学生成为具有家国情怀的人，需要言传身教。

3. 坚定自信，筑梦未来

教师坚定文化自信，做中华优秀传统文化的传承者。这是教师帮助学生成为具有家国情怀之人的必备条件。教师更要引导学生坚定文化自信和理想信念，增强明辨是非的能力，勇敢面对未来的挑战。教师也要帮助学生认识到自己的优势和潜力，鼓励他们克服困难和挫折，培养坚强的意志和积极的心态，并用教育智慧激发学生对于未来的信心，让他们相信只要努力，就能够实现自己的梦想。

作为伟大的人民教育家，陶行知一生都在从事人民的教育事业。他非常重视对民众的爱国主义教育。他从小就立下爱国报国的大志，还把自己的理想写在宿舍的墙壁上："我是中国人，要为中国做贡献。"即使当时的国家内忧外患，但他始终坚持爱国主义教育与中华优秀传统文化教育相融合，始终用自己的大爱践行报国使命，一生立足本职工作，不忘初心，方得始终。教师帮助学生成为具有家国情怀的人，需要坚定文化自信。

小事见情怀，"小家"筑"大家"。在当今时代，我们或许不需要"抛头颅，洒热血"，但仍然肩负着历史发展使命；我们或许做不出惊天动地的业绩，但能在平凡的岗位上发光发热。无论是教师还是学生，我们都应当铭记教育的使命，用自己的行动传承文化，做一个自立自强、心怀天下的人。因为，我们肩负着五千年文明走向复兴的重任，我们将创造更美好的未来！

主题 3

使命责任，专为将来

历史长河，恰如春潮澎湃，奔涌不息。当前，全球正面临着前所未有的巨大变革，而教育的重要性也在这个时代中得到了彰显。穿过千年的时光，圣人之言犹在耳——"建国君民，教学为先""国将兴，必贵师而重傅"。今天，习近平总书记在全国教育大会上指出："教师是人类灵魂的工程师，是人类文明的传承者，承载着传播知识、传播思想、传播真理，塑造灵魂、塑造生命、塑造新人的时代重任。"

我们正处在一个科技高速发展、文化日新月异、经济迅猛发展、社会不断进步的大背景下，国家对人才的需求也从过去单一的知识型向复合型转变。随着时代的变迁，教师的工作日益繁重，他们肩负着为学生和民族的未来铺就坚实基石的重任。新时代，广大教育工作者肩负着历史赋予的神圣使命。他们迈着自信而坚定的步伐，踏上了实现中华民族伟大复兴的征途。

数千年栉风沐雨，无数师者从岁月深处走来，早已将"使命"二字融入骨血——为祖国未来、学生未来前行。

一、顶天立地，为教育事业立心

良师难求，新的时代呼唤着"顶天立地"的新教师，他们心怀国家和民族，深刻认识到自己肩负的国家使命和社会责任。

1. 孜孜不倦，做道理的传播者

《周礼·地官司传序》中说，"师者，教人以道者之称也"。传道乃教师第一职责。为师者，传道为先。道为何物？纵古横今，诠释各异。2018 年，习近平总书记在全国教育大会上给出了答案——教师要"传播知识、传播思想、传播真理"，旗帜鲜明地指出新时代教师应肩负起的时代重任。"道"即知识、思想、真理。

西安电子科技大学微电子学院教授郝跃，不愧为真正的传道者。郝老师扎根祖国西部四十年如一日，创造性践行"理论课程—实践能力—创新素质"三位一体集成电路复合型创新人才培养模式，先后培养硕士、博士毕业生数百人，为我国关键技术领域的突破注入了源源不断的顶尖创新人才。面向广大学子，他恳切地嘱咐学生要以国家的需要为指引，坚定自己的理想信念，树立远大的目标，为国家建设、集成电路和微电子行业的发展提供优质服务！

教师是学生求"道"路上的导师，要树立起终身学习的理念，不断更新和拓宽自己的知识领域，通过"内外兼修"锤炼自身过硬本领。

向内求知，解放思想。教育者应该理解时代对于培养人才的需求，深入研究真正存在的问题，追求真正的学问，着眼于世界学术前沿和国家重大需求，致力于解决实际问题，为国家培养大批可堪大任的一流人才。向外修，海纳百川。教育者既要积极拥抱数字时代的教育变革，巧借资源，搭建平台，善于博采众长，不断探索和深化教育教学方式，更要行之有效地传"道"，为每一个孩子点亮智慧人生。

2. 薪火相传，做文化的捍卫者

一页页中华文化史，掀起壮阔波澜。沧海桑田之间，是无数师者用思想的火花推动着传统文化的车轮滚滚向前。文化自信是一个国家、一个民族发展中更基本、更深沉、更持久的力量。文化自信是习近平总书记提出的时代命题，他强调："文运同国运相牵，文脉同国脉相连。"可见，教师在增强文化自信的过程中肩负着无可替代的重要使命。

"续易安灯火，得唐宋薪传，继静安绝学，贯中西文脉……"感动中国2020年度人物、南开大学中华古典文化研究所所长叶嘉莹先生，一生致力于古典诗词教学，使古典诗词薪火相传。名利浮沉，万千称赞，她只有一句肺腑之言："我热爱中国传统文化，没有好的办法报国，我只能把我所体会的、我所传承的中国诗歌中的美好的品格和修养传给下一代。"

教育者要扎根在中华文化的土地上，心怀热爱，让中华优秀传统文化植根于内心，在不断汲取各种文明养分中丰富和发展中华文化，做到"给学生一杯水，自己准备一桶水"，自觉地增进文化认同、坚定文化自信、促进文化创生，推动中华优秀传统文化、继承革命文化，发展社会主义先进文化，更好地为学生提供精神指引。

3. 心怀家国，做时代的践行者

遥忆过往，叹百年征途，沧桑巨变。不曾忘记，百年前，为了民族崛起，北大图书馆主任李大钊，发出一声洪亮的呐喊："背黑暗而向光明，为世界进文明，为人类造幸福。"生逢盛世，此其时也。站在百年未有之大变局的历史关口，高质量教育体系平地而起，每一位教师都应为这个时代交出一张满意的答卷。

育人先育己，作为教育事业的中坚力量，教师应不断提升自身的思想政治素养和师德修养，汲取习近平总书记重要讲话中的思想营养，凝聚精神力量，激发奋斗热情，以党的创新理论为指导，锤炼思想，引导实践，推动工作，始终坚持"千教万教，教人求真"的执着追求和"捧着一颗心来，不带半根草去"的教育情怀，切实履行立德树人的根本任务，为党育人、为国育才。

育人先育心，习近平强调："广大教师要用好课堂讲坛，用好校园阵地，用自己的行动倡导社会主义核心价值观，用自己的学识、阅历、经验点燃学生对真善美的向往，使社会主义核心价值观润物细无声地浸润学生们的心田、转化为日常行为，增强学生的价值判断能力、价值选择能力、价值塑造能力，引领学生健康成长。"课堂教学是培养广大学生形成正确世界观、人生观、价值观的重要途径，教师应当充分发挥课堂教学在塑造和践行社会主义核心价值观方面的主导作用，以课堂教学为基石，加强学生的理想信念。除了传授科学文化知识，教师还应将社会主义核心价值体系融入教书育人的全过程，以信仰之光照亮广大学生，引导他们树立为中华民族伟大复兴而奋斗的崇高理想。

从传播知识、启迪思想，到传承文化、赓续文明……教育事业，神圣而崇高，是一门叩问终身的学问。立足于时代的浪潮，作为一名有情怀的教师需心怀"国之大者"，坚定理想信念，砥砺前行。

二、甘为人梯，为学生成才立命

随着时代的不断演进，每一代人都肩负着自己的历史使命。为人师者，在"变"与"守"之间，育人的初心不曾改变，那就是如叶澜教授所言，"教师的事业始终是对人的一生负责任的一个事业"。

所以有了教师，就有了燃灯者，在漫漫长夜之中，以身为炬，承先启后，成为烛照无数学子成长路上前行的光辉。

1. 率先垂范，立德树人

教育的实质在于教师以其独特的人格特质对学生的人格产生深远的影响，同时也是学生自觉追随教师的过程。"学高为师，身正为范""师者，人之模范也"，教育者的榜样力量是无穷无尽的，借助自身的热情和责任感，点燃学生智慧的火花，引导他们放飞内心纯真而崇高的理想，以自己的行为成为学生学习知识的楷模和引路人。

在教育教学中，教师扮演着引领学生塑造品格的重要角色，通过积极引导学生树立修身立德、志存高远、强健体魄、健康身心的信念，培养学生为国家和人民奉献的高尚品德。教师要以饱满的热情和真挚的感情投入教书育人的工作中去，努力成为一名具有高尚道德情操的人，不断提高自己的素质水平。

曾记否，在深山中扎根了 17 个年头，张玉滚倾注了自己全部的心血，为山区孩子的求学之路照亮了一片光明。从一名普通教师到全国优秀教师，他用行动践行着"教书育人"的信念；他用师德铸魂，构筑起一座不朽的丰碑。

师者，德之所在。站在时代的风口，教育正是国家振兴的关键，这种使命带来的责任是历史性的。作为教师，要率先垂范，以高尚的道德情操为引领，严格要求自己，以身作则，成为学生成长道路上的引路人。

2. 秉承信念，用爱铸魂

习近平总书记强调："今天的学生就是未来实现中华民族伟大复兴中国梦的主力军，广大教师就是打造这支中华民族'梦之队'的筑梦人。"可见，教师的重要使命是在学生的人生路上播撒梦想、守护梦想，用爱呵护着每一位学生的"梦想"，谱写独属于他们未来的华章。

教育的价值不仅在于知识的传授，更在于情感的交融与传递。教师是学生灵魂的工程师。教师的情感投入与学生的成长息息相关，二者相辅相成，共同促进学生的全面发展。当教师以满腔的热情、真挚的关爱面对学生，学生也会在这份情感的滋养下茁壮成长。习近平总书记所强调的"点燃人生理想"，正是教师情感投入的真实写照。教师的耐心倾听、细致关怀，激发了学生对知识和未来的渴望，点燃了他们追求美好人生的热情。

爱学生，就是平等相符。教师要俯下身来，以平等、公正的态度对待每个学生，关注他们的需求和困扰，认真聆听孩子来自内心的话语，给予他们关怀，帮助他们走出学业、生活中的困境，热情、自信地拥抱世界。

爱学生，就是耐心守望。教师要尊重每一位学生的差异性，要相信教育不是一蹴而就、一劳永逸，而是细水长流，需要为人师者通过多样化的方法处处为孩子搭建起融入生活、理解世界的桥梁，做一名麦田里的守望者，陪伴着孩子慢慢长大……

一曲"师爱"的高歌，让学生放飞青春梦想。一代代教育者坚定信仰，矢志不渝地追求伟大教育力量，用仁爱之心铸魂，将爱的力量转化为推动教育事业向前发展的巨大动力，成为促进民族复兴的有力助推器。教育者要以"不忘初心、牢记使命"主题教育为契机，进一步增强责任感和使命感，坚定理想信念，强化担当意识。在新的历史时期，全力以赴，以立德树人为己任，开启全新的篇章。

3. 春风化雨，润物无声

每一位学生都是独立的个体，都是鲜活的生命，需要精准滴灌，而非大水漫灌。教师要用智慧的力量点亮学生的求学之路，使其在春风化雨、润物无声中走向可期的未来。

教师应有一双发现学生亮点的慧眼，在这双慧眼的深情凝望下，是"看见生命，读懂孩子"的卓识，是教学相长、灵魂碰撞的互动，是陶行知先生一生倡导"爱满天下"精神文化下的感染；教师还应有一颗勘破学生难处的慧心，怀揣慧心，每一位孩子的错误都显得有迹可循，教师要因材施教，巧引妙导，做一个智慧型教师。

教师使命之重，无不在召唤教师要以大爱塑造自我，成就学生；以赤子之心育桃李芬芳，将满腔热忱献给伟大的教育事业，为学生成才立命。

三、守正出新，为专业发展立方向

1. 转变方式，从"指路人"到"引路人"

教师是塑造孩子未来的重要力量，而孩子的未来关乎着我们时代的未来。面对"21世纪，我们需要什么样的新教师"这一时代命题，在第二届"WE教育国际论坛"上，当代著名教育学家顾明远与美国麻省理工学院资深教授彼得·圣吉不约而同地写下了"引路人"这一答案。

教师是学生学习知识、锤炼品格、发展人生的引导者。在教学过程中教师应尊重每一个学生，给学生更多参与活动的机会。为了更好地满足学生的需求，教师需要将他们带入一个充满知识的海洋，并为他们量身制订个性化的学习计划；同时还要创设民主和谐的教学环境，培养良好的师生关系。为了帮助学生更好地获取有益信息，我们需要提供有效的策略和方法，以便在学生遇到困难时能够帮助他们解决问题。这样才能使课堂焕发生命活力。在与学生共同学习的过程中，教师的重要职责在于激发和引导学生的主动性和创造性，使其自主发现问题的结论和规律，从而实现共识、共享和共同进步的目标。

一位杰出的教育工作者，必须坚持将教学与塑造学生的过程融为一体，同时注重言传身教的有机结合。教师应当以真理之力启迪、武装、引领学生，同时以人格之力感染、示范、激励学生，言行一致、表里如一地扮演"引路人"的角色，引导学生扣好人生的第一粒扣子，不断进步、健康成长。

2. 投身课改，从"教书匠"到"教育家"

随着互联网时代的到来，学生可以通过各种渠道快速获取知识，而教师的权威受到挑战，不再仅仅是知识的传授者。面对这种新变化，传统教育观念受到冲击，对人才培养提出了更高要求。

为此，教师应当以"教育家"的视角，从学生长远发展的角度出发，为厚植学生核心素养积极作为——反复钻研，为学生的学习创造一个适宜其成长的教育环境和计划；引导学生筛选有价值的信息，以达到更好的教学效果；引领学生自主地进行学习活动，与其共同畅游知识的海洋。

北京十一学校校长李希贵，投身教育改革，经历几重波折，在我国构建起了为学生生命赋能的"选课走班"，创造"导师制"，顺应学生天性，重构教育生态，让每一个孩子在校园里发现自己、成就自我。

作为"教育家"，要从学生中发现问题，潜心科研，以点燃教育革命之火，化作照亮学生成长道路上的一点微光。

3. 技术赋能，从"旁观者"到"探路者"

在这个技术赋能、人工智能的时代里，"知识流体化"已经形成，知识可以随时随地产生、形成，"未来教育"作为新热词闯入大众视线。一时间，"为未来而教"的口号席卷各地。作为一名教师，要以面向未来社会的需要构建当下的课堂。在《积攒生命的光》一书中，贾志敏有一句教育箴言，"教学生一年，要想到他五年；教学生五年，要想到他终身"，道出了"未来教育"的内核。

在全球进入第四次工业革命的时候，一系列颠覆性技术重新定义教与学，跨界、融合、开放、共享成为关键。教师需要重新定位，从过去对"数字技术"置身于外的旁观者转变为躬身入局的探路者。

活用数字化工具，是新时代教师专业发展的不二途径。如"希沃白板"走进课堂，交互式体验极高地激发了孩子的兴趣与好奇心，"云阅卷系统"实现了学业数据化管理，进一步提高了学习效度。

在这种互联互通的背景下，借助技术赋能，教师跳出"孤军奋战"的困境，利用多样化、跨空间的研修共同体组织，为自身专业发展汇聚优质资源，推动教师专业发展活动的个性化、科学化、精准化。

在迈向伟大复兴的路上，教师"一个肩膀挑着学生的未来，一个肩膀挑着民族的未来"。未来已来，教师的使命愈加艰巨——为教育事业立心、为学生成长立命、为教师发展立方向，这也是时代给所有教育者的命题。

主题 4

立德树人，奠基成长

立德树人的思想深深融入在中国传统文化的脉络之中，体现了我们中华民族独有的教育理念。立德最早出现在《春秋左氏传·襄公二十四年》中。范宣子说："太上有立德，其次有立功，其次有立言，虽久不废，此之谓不朽。"这里明确将立德放在"三不朽"的第一的位置。《大学》开篇第一句"大学之道在明明德，在亲民，在止于至善"，又一次阐释了立德的重要性。儒家经典中关于德的论述无一不蕴含着丰富的立德思想，强调立德是成人之根基、社会进步之根本。在中国传统文化之中，"树人"象征着培育人才，这个观念可追溯到《管子·权修》，"一年之计，莫如树谷；十年之计，莫如树木；终身之计，莫如树人"。俗话说：十年树木，百年树人。树木容易树人难，树人的过程漫长而持久。

一、立德树人，赓续传统

1. 闪耀时代光芒

立德树人教育思想一直根植于中华优秀传统文化中，踏着历史的风云，立德与树人携手从传统文化的深处走来，在新时代阳光的沐浴下，再次闪耀着时代的光芒。习近平总书记关于立德树人的重要论述，赋予其新时代的基本内涵和要求，是对中国传统文化接续发展的最好阐释。

在中国大地上办教育，中华优秀传统文化是必须继承的精髓。在新时代的召唤下，立德和树人深度融合，再现无尽的活力，立德树人成了新时代教育的根本任务，它是无数教育者为教育事业长期艰辛付出、无私奉献的根本目的。如于漪老师所言，中国特色的教育学，便是立德树人的教育学。新时代，这部肩负着历史重任的教育学，理当由我们教师在教育教学的实践中书写出来。

2. 扣好第一粒扣子

青少年学生时代，是人生观、世界观和价值观逐步形成的关键时期，如何帮助他们"扣好人生的第一粒扣子"是我们教师必须思考的第一个问题。培养什么样的人，怎样培养人，为谁培养人既是教育的永恒主题，又是教育的根本问题。如果还有第四问，那应该是谁来培养？那答案一定是教师！立德树人，教师责无旁贷，是根本任务使然，也是崇高使命使然。正如于漪老师所说："一个肩膀挑着学生的未来，一个肩膀挑着国家的未来。"

3. 培育有为新人

2022年4月，教育部正式出台了《义务教育课程方案和课程标准（2022年版）》，明确提出了强化"育人导向""目标导向""素养导向"，强调培养"有理想、有本领、有担当"的具有"适应未来发展的正确价值观、必备品格和关键能力"的全面发展的时代新人。新时期如何推进立德树人工作，课程是关键。课程规定了教育思想、教育目标和教育内容，在立德树人中发挥着关键作用。多年的课程改革实践证明，日复一日、年复一年的课程学习，是立德树人的主要载体和途径，立德树人就在教育教学之中。新课程强调从传授知识到育人，犹如一盏指路明灯，指引着我们教师走在立德树人的光明大道上，为每一个学生的健康成长奠定基础。

二、学习真知，体悟真诗

1. 实践自出真知

《论语》开篇就提出："学而时习之，不亦说乎?""学"乃"认识"，而"习"则具有"体验""行动""实践"之意。《劝学篇》中，荀子曰："君子之学也，入乎耳，箸乎心，布乎四体，形乎动静。"近代教育家陶行知先生提出"生活即教育""社会即学校""教学做合一"三大观点，主张人的认识源于生活、经验和实践，学习应当以实践为先、以实践为基础学习，"先行后知""知行合一"。陶行知的"知行合一"教育思想，蕴含着丰富的实践育人思想。

实践出真知。习近平总书记在不同场合，多次强调实践在促进青年成长成才方面的重要性，"实践是提高本领的途径""要坚持知行合一，注重在实践中学真知、悟真诗，加强磨炼、增长本领"；他多次语重心长地寄语青年们："青年要成长为国家栋梁之材，既要读万卷书，又要行万里路。"实践不仅可以帮助我们培养学生的关键能力和塑造他们的必备品格，而且可以培养他们正确的核心价值观，是帮助学生全面发展的不可或缺的途径，也是落实立德树人根本任务的内在要求。

2. 加强知行合一

新课标强调实践育人，提出要强化学科实践。我们要积极引导学生参与学科实践探究活动，体会学科思想方法，突出学科探究方式。在实践活动中，加强知行合一、学思结合，倡导"做中学""用中学""创中学"，提倡学用结合、学创结合。我们要带领学生在应用实践类活动中，内化所学知识，加深理解并初步应用；在迁移创新类活动中，运用所学知识解决现实生活中的问题，形成正确的态度和价值判断。

章振乐，一位有教育情怀的校长。在他带领下的杭州市富阳区的富春第七小学，窗明几净的校园内，除了书声琅琅，还能经常目睹这样的场景：孩子们兴高采烈地从青青菜园里摘来各种各样的野菜，在学校快乐厨房里亲手制作不同的传统食物，如清明艾粿等，在校园里摆摊，吆喝"售卖"，一时烟火气十足，好不热闹！有些学生则卷起裤脚，穿上蓑衣，戴上斗笠，像农民伯伯一样参加抛秧苗比赛，生动地再现农事插秧的场景；音乐课上，教师可能会带着学生们先到学校农场去欣赏鸟儿唱歌，聆听虫子鸣叫，观察蝴蝶飞舞……富春七小的劳动实践教育以"天人合一，人事相趣"为宗旨，传统劳动教育的重点放在学习劳动技能上，新劳动实践教育则注重学生的综合发展，培养学生的劳动精神，让学生真正地爱上劳动，在劳动中获得存在感和价值感。劳动实践教育把劳动作为载体，通过实践来正新立德，达到育人的目的。

3. 争做生命之师

经师易得，人师难求。来自清华附小的特级教师窦桂梅说："我是教语文的，我是教人学语文的，我是用语文教人的。"学科的核心是育人，学科核心素养体现了学科的特质和育人的特点。我们教师要带领学生身临其境，首先要创造真实丰富的情境，通过学习活动，提升学生核心素养，实现学科实践育人的目的。

在两千年前的泗水河边，孔子带着他的学生静静地看着那奔流不止的河流，忽然对一去不复返的流动的河水有了一种更深刻的认知——对时光的流逝满怀感伤，于是就有了"逝者如斯夫"的感慨；几十年前的果园里，苏霍姆林斯基与孩子们共同观察和思考，使生命的色彩在每一个词语中流淌发光；在初升的阳光下的郊区和田野里，李吉林老师和孩子们一起描绘着大自然的奇妙，欣赏一个个生命的美好……

三、出组合拳，协同发力

1. 培育创新精神

新课标提出加强课程内容与学生经验、社会生活的联系，强化学科内外知识的整合，统筹设计综合实践活动课程和跨学科主题学习，探索大单元教学。我们要基于真实生活带领学生在综合实践活动课程中去观察、体验、研究和创造性解决问题。培养全面发展的人，创新发展的人。我们要在跨学科主题学习中激活学生运用所学各学科知识去解决生活中真实问题的意愿，引导他们提出有创意的想法，培养学生的创新能力，让学生能真正地感受到创造的价值。我们同样要在大单元教学中激发学生自主学习、合作探究的兴趣。与此同时，我们要能够为学生提供主动参与社会实践的机会，在真实的社会情境中逐渐培养学生形成正确的价值观和社会责任感、担当意识、规则意识等必备品格和关键能力。

2. 营造学习环境

终其一生研究情境教学的李吉林老师，早在 20 世纪 70 年代，就开始了课程整合实验，引导学生跨学科学习。她在讲授《月光曲》这一课的时候，不仅从语文学科角度来阐释文学作品，描述贝多芬的人格特点，也努力从音乐等其他学科领域去深入研究贝多芬的生活。为此，她特意去拜访了南通舞蹈团的音乐指挥。在炎炎的夏日午后，虽然汗流浃背、酷暑难当，那位指挥家仍旧从容地捧出一堆相关的资料，和她一起详尽地解读了语文课本中的相关内容。这些材料和解说使得贝多芬的形象越发生动丰满。在课堂教学的过程中，这些内容可能并不会全部用到，但它们在背后隐藏并滋润着、支撑着教学。在精心营造的教学情境中，教室里顿时充满了浓厚的艺术氛围，李老师深情演绎，学生们身临其境。

3. 协同发力育人

综合不仅仅是不同课程形态之间的综合，更应该是理念、过程与方式的综合。综合育人不仅是在综合实践活动中育人，也需要在学科内外的整合中育人。综合引导学生开阔眼界，扩大胸襟，增长见识，涵养品德，在跨学科整合学习中培养创新思维、创新精神和创新能力。整合重在综合，而综合要注重必要性、科学性、适宜性和可行性。同时要形成合力，围绕育人目标，出组合拳，协同发力，让学习真正发生，助推综合育人的目的得以实现。

西藏自治区林芝市米林县中学德吉卓嘎老师扎根祖国遥远的边疆，深入边境一线，先后在平均海拔 4600 米的多个条件艰苦的乡镇任教。她引导教师根据道德与法治、语文、历史三科教材的特点和教学目标，结合林芝多民族和睦相处的历史和现实，灵活运用不同的教学方法和文史资源，开展铸牢中华民族共同体意识教育，利用综合课程立德树人。她重视学校校园文化建设，致力于让学校的每一面墙壁、每一个角落都具备育人功能，时时处处为学生提供思想道德建设的精神粮食。

四、育人为本，融合创新

1. 改变育人模式

飞速发展的互联网、人工智能技术、大数据、区块链、元宇宙等新兴技术，正深刻改变着我们教书育人的模式，也正越来越深入影响着学生的成长环境和教育的形态。在网络科技与教学深度交融的大背景下，为了迎接信息时代带来的挑战，教育部印发了《教育信息化 2.0 行动计划》，确定了核心理念：信息技术与教育深度融合；制定了基本原则：育人为本、融合创新；提出了基本要求：积极探索新技术背景下学习环境与方式的变革，我们要改变我们头脑中的固有理念，搭上时代发展的快车，借用新技术，运用能适应新形势的方式方法育人。

郭晓芳，全国未成年人思想道德建设工作先进工作者，担任湖南"我是接班人"在线大课堂的首席班主任。她通过对云课堂思想政治课程的创新方式进行讲解，包括关于人物的主题、内容展示、传播途径等各个环节，有效地把思政教育的组成部分整合进少年所热衷的新闻事件、人物、物品等"活动教材"中。她成功地设计了 46 个大型课程主题和超过 600 个配套学习课程。她利用新技术创设的课堂已覆盖了超过 2.8 万所湖南省内学校，并逐渐向全国扩展。

每一堂课的学习人数超过了 3000 万，每一学习平台的用户数超过 1 亿人，创造了全国范围内影响力极大的网络思政教育品牌"我是接班人"，体现出技术育人的高效力量。

2. 转化学习方式

信息技术的不断发展促成了学生学习环境的改变，在互联网、人工智能技术、各种媒介、大数据资源等支持下，智慧学习环境开始形成。智能化、开放式、集成化的特点不仅仅方便教师提供适时的学习指导，更是转变了学生的学习方式，支持学生的自主建构。班级的个性化教学、小组的合作和探究学习、个人的自主性学习、群体的互动生成性学习在智慧学习环境下都成为可能。

时代楷模吴蓉瑾老师，主动适应数字时代教育改革实践。她持之以恒地坚持积极探索信息技术与教育教学的深度融合，运用技术提升教师教育教学成效，她通过大数据采集帮助教师全面了解学生动态学情，对每个学生的成长进行评估、指导。在新技术的帮助下，教师致力于探索新方式，为学生提供个性化的学习空间，开展个人差异化、自适性学习，采取自学、共学等不同的学习方式，让大规模的因材施教成为现实，随需而学的云课堂模式辐射全国。例如，在她的"云厨房"中，学生的劳动实践技能得到培养；在项目学习、小组合作学习中，"云课桌"提供了高效的平台，信息技术和教育教学融合创新取得了令人瞩目的成就。

智慧学习环境引导教师的教学方式从"先教后学"向"先学后教"转变，从标准化教学向个性化教学转变，从知识传授到实践创新转变，从教师单向教学转向师生人机协同合作教学，从线下单一教学方式到线上和线下相结合的教学模式，等等。它有效地帮助学生成为善于学习、善于协作、善于沟通、善于研判、善于创造、善于解决复杂问题的学习者。

3. 创新教学形式

全国教书育人楷模周美琴，上海浦东新区一所特殊教育学校的校长，已经在特教领域奋斗了 35 年。她以保护特殊儿童为己任，自愿成为他们的保护者和引路人。与此同时，她努力开拓特殊教育的数字化教学新方向，引导教师队伍掌握和运用新一代的多媒体软件与技术，设计出各种适应新技术的教学材料，创新特殊教育的教学方式，将线上线下巧妙结合。这一切都为特殊儿童提供了更适合他们学习知识与康复训练的环境，帮助他们学习合作和交流，掌握解决实际问题的能力，最终像健康儿童一样，有能力又充满信心地步入社会。

于漪老师说："只要我站在讲台上，我的生活就如同在歌唱。"

这是我们教师最为精彩、最为神圣的时刻。

这是充满教育情怀的我们最真诚、最美好、最闪光的状态。

这首歌的主旋律如此鲜明，落实立德树人，奠基学生成长。

这首生命之歌的名字那样响亮，立德树人，培养时代新人。

专题二
有爱：春风化雨润心田

　　教育就是爱，爱就是教育。爱是信任、尊重、激励和热情。如果教师的爱能深入学生的内心，就能激发出强大的能量，不仅能让他们的心灵萌发善良而又高尚的情感，还能激发他们的智慧之光。因此，爱是驱动学生健康成长的动力之源，爱是缩短学生与教师间差距的通道。

生都在爱中行走的德兰修女用自己的一生告诉我们，爱是人类存在的理由。爱让人类、让人生、让世界充满意义、充满和谐与希望。爱是一种神奇的力量，正如但丁所说的"爱推动着日月星辰的运行"。

教育家夏丏尊说："教育之没有情感、没有爱，如同池塘没有水一样，没有水就不能称其为池塘，没有爱，就没有教育。"

苏霍姆林斯基先生说："一个好教师意味着什么？首先意味着他热爱孩子，感到跟孩子交往是一种乐趣，相信每个孩子都能成为一个好人，善于跟他们交朋友，关心孩子的快乐和悲伤，了解孩子的心灵，时刻都不忘记自己也曾是个孩子。"

主题 1

博爱之心，假如是我孩子

博爱之心，自古有之。墨子的兼爱思想就蕴含着博爱之心。墨子说："兼相爱，别相恶。"别，差别、差等也；恶，天下祸害之根源。所以，兼爱的核心是爱无差等。因此，兼爱的内核就是爱是公平无私的。这种倡导公平、反对阶级歧视的兼爱思想，直指爱的真谛，意义深远。兼爱的智慧告诫我们，爱是不容挑选的，爱是面对所有人的，特别是需要对处在弱势地位的人满怀关爱。随后，兼爱进一步扩展为"周爱""尽爱"，更强调去关爱所有值得我们去爱的人。墨子的"兼爱"思想中蕴含着博大的胸襟，公平、民主和公正的理念尽在其中。对教师而言，博爱就是对孩子普遍的爱，即对每个孩子都要一视同仁、公平对待。

我们的学生中，有成绩优秀或平平的，有容貌出众或普通的，有出身名门或平民的，有口才好或沉默寡言的，有习惯良好或习惯不佳的。然而，每一个孩子无一不值得我们深爱。每个学生都是独特的生命，他们的生命之花都应自由地绽放。

霍懋征老师说："是什么力量把一个人见人烦的孩子，变成一个人见人爱的孩子？是爱。爱是阳光，可以把坚冰融化；爱是春雨，能让枯萎的小草发芽；爱是神奇，可以点石成金。"是的，爱能清除悲伤的瓦砾，推倒绝望的残垣，更能点亮希望的明灯。

我们再读读李吉林老师的教育讲述：田野里，大树下，小河旁，山坡上，那日出日落，那花开花落，那晨雾暮霭，和孩子们观察、探究、体验、表达。这字里行间充溢着、飘荡着的一切都是满满的爱，爱不在别处，爱在自己身边，爱在孩子身上，爱在深处。李老师的爱博大、真诚、快乐。

爱是教育的灵魂，一个拥有博爱之心的教师，面对不同个性的孩子，他会常常思考一个问题：假如是我的孩子，我该如何做呢？

一、假如是我的孩子，我要对他保持热情和耐心

我们自己的孩子牙牙学语时，为了一个清晰的发音，我们总是不厌其烦、热情而又耐心地重复着，直到我们听到那个期待的发音。面对一群孩子，我们教师更需要热情和耐心。

1. 建立融洽关系

每个孩子在成长的过程中都会遇到各种各样的问题，作为教师，在教育孩子的过程中，热情和耐心能够激发孩子对于学习的兴趣，让孩子主动去学习，有效地提高学习效率。当孩子们感受到教师的热情和耐心时，他们就会觉得自己得到了重视，会更加自信，从而更有勇气去面对学习和生活中的困难。班级的氛围也会更加和谐，孩子们在这样的环境中成长，心情也会更加愉悦，师生之间也更加融洽和谐，更有利于孩子们的成长和发展。

在斯老师教授一年级学生期间，正在朗诵《雷雨》课文的孩子们读到"凉风迎面吹来，好不舒畅啊"这句话的时候，一位学生举手问："这句话是不是出错了？'好'和'不'不能同时存在吧，'不'是不是应该删掉？应该改为'凉

风迎面吹来，好舒畅啊'!"斯老师耐心地告诉他们，实际上"好"与"不"结合在一起，起到的是"非常"或者"特别"的作用。因此，"好不舒畅"应该理解为"非常舒畅"或者"特别舒畅"。"不"字删掉也无不可，可是，与"好不舒畅"相比，"好舒畅"在表达力度和情绪色彩上明显不足。接着她又举出了一些例子，如"我们掌握了拼音和汉字，又能说又能写，好不高兴呀！""星期日，我们去看了电影，还在玄武湖里划船玩耍，真是好不愉快！"几日之后，在一个炎热的中午远足之后，一股清爽的风突然吹过，有的学生忍不住说出："凉风吹来，好不舒畅啊！"

2. 让爱不缺席

爱需要耐心，通过儿童的视角，热情地列出他们耳熟能详的事物，从他们的生活经历来阐述，使他们能够听到并理解。那些学习成绩目前还未达到优秀水平的学生，以及平日里得不到爱的滋养的学生，可能更加渴望得到教师的关爱，这也就需要教师具备更多的耐心和细心。教师不仅要学会锦上添花，更要学会雪中送炭，每个教师的教育风格可以不同，但爱从不缺席教师的教育事业。

张万波，一位全国杰出教师，已经在乡村教育环境下工作了 24 年。在困难的情况下，他始终坚守教育事业，以慈爱和耐心教导乡下的孩子们如何学习知识，成长为有品格的人。他真心热爱他的学生，视留守学生如他的亲生孩子，耐心细致地帮助他们解决一个又一个生活和学习的困难。他对教学事业的热爱一如既往，始终全身心地投入研究专业知识，他对每个学生都关心备至，没有一个学生被他放弃。课后，他都会耐心地为学生进行详细的辅导，因此赢得了学生及其家长的信任和敬仰。

二、假如是我的孩子，我要倾听他的想法和感受

1. 尊重学生，学会倾听

一位优秀的母亲，能从婴儿的哭声中听出他的需求。一位优秀的教师，首先他也得是一名优秀的倾听者。许多时候，只要我们愿意全神贯注地聆听，就相当于成功了一半。然而，若我们不擅长聆听甚至拒绝聆听时，了解学生的最佳时机

便会从我们身边溜走。失去了教育教学的基础，教育本身也就会变得缥缈不实。重视倾听就是尊重每一个学生的存在，是我们把握教育教学本质的关键。

苏霍姆林斯基说过："教育艺术的基础在于教师能够在多种程度上理解和感觉到学生的内心世界。"作为一名教师，耐心倾听是尊重学生的重要表现，是获取学生信息的有效方式，更是师生交流的前提。

风流不在谈锋健，袖手无言味正长。师生基于相互尊重、信任和平等的立场，通过言谈和倾听而进行双向沟通。我们的互动交流并不只局限于纯粹的语言表达，且更深层地体现了双方的内心开放度和对对方的真诚倾听和接纳。在这一过程中，知识的传递和情感的交融得以实现。所有的对话都源自倾听，这是对话的催化剂，如果缺乏倾听，就无法实现有效的对话，教育和教学也将无从谈起。

2. 理解学生，学会交流

一个教师，如果习惯用心倾听，那么他绝不会冷漠地中止学生的离题发言，肯定会给他们充裕的时间来表达自己的想法，他将会如朋友一般，洗耳倾听学生的故事；一个经常倾听的教师，肯定擅长感受学生情绪的温度，善于从学生不经意的回答中捕捉到言外之意；一个善于倾听的教师，一定能够在错误中看到新奇，在寻常中找到寄托，在离奇的表达中找到合情合理，在啰唆的讲述中发现智慧的闪光；一个习惯于倾听的教师，一定能捕捉到学生思维的萌发、情感的变化、知识抽穗的声音。

实际上，倾听代表着平等和敬重，它是理解、接受、期望、共情、同甘共苦。教育的实施过程，实际上就是教育工作者和受教育者之间的互动倾听，而教师与学生之间的亲密关系也是在相互倾听的过程中逐步形成的。

郑丹娜，这位在北京市朝阳区教育事业中矢志不渝的教师，曾一度荣获"全国模范教师""全国优秀班主任"和"全国先进工作者"等称号。在她长达29年的职业生涯中，她通过用"悄悄话"交流，聆听学生的心灵之音，理解他们的思考与情感，并充分尊重他们的观点和主张，以此方式，她始终密切关注学生的心理健康，引领并推动他们的健康成长，培养他们的优良品质。在这29年里，她写下了超过500万字的"悄悄话"。她已经成为学生的朋友，学生们愿意向她求助，找寻解决问题的策略。郑丹娜教师提出的教育理念——"全接纳—慢引导"，使得每个孩子都能健康成长。

三、假如是我的孩子，我要关注他的未来和可能

1. 挖掘学生潜力

古往今来，父母总会去考虑孩子未来发展的可能性。如我国的"抓周"习俗历史悠久，是儿童在周岁生日时进行的一种展望未来和预测性格的仪式：在家里选取一片足够宽旷的空地，中央摆放两张平行的方桌，其上覆盖着布料或者席子，也可以铺上一片瑜伽垫。"抓周"的物品以半圆形排列在一侧，婴儿位于另一侧。让婴儿去抓取以上物品，由婴儿手中第一个紧握不放的物品，判断其兴趣、喜好及未来可能从事的职业。

俄罗斯的诗人沃罗申曾表达，"孩子们其实是未被发掘的天才"。作为教育者，我们有责任去挖掘学生的潜力，关心他们的成长空间和未知的可能。有这样的一个故事，值得我们一读：

某日，一位从事物理学研究的科学家接到来自母校的来电，得知他最尊重的物理老师已经离世，学校准备在特定日期举行哀悼会。对此，该科学家确定会出席哀悼会以表达对老师的哀思。在哀悼会上，他偶然碰到了另一位尊敬的数学老师。他毅然走上前对数学导师说："尊敬的老师，我一直谨遵您的教诲。但有个事情我未曾跟你说过，今天在这样的场合我想说出口，我讲完后，希望您不会生气。"他说的是什么呢？他说在他的学生阶段就在数学上崭露头角，因此向他的数学老师提交了免修数学的申请，但未获批准。于是，他去找物理教师，该教师对他的物理和数学成绩给予肯定，并认为免修课程有助于他更深入地学习。物理老师因此通过了他的申请，他最终成为一位物理学家。那位物理学家意味深长地说："各位老师，如果你们给我提供的是一个游泳池，那么物理老师就为我打开了无垠的大海。"

孩子们的潜能如何得以实现呢？我们不仅要给他们提供大海和游泳池，还需要为他们创造清澈的溪流环境。

2. 助力学生发展

陶行知先生给我们的忠告依旧振聋发聩，"从你的教鞭下有瓦特，你的冷眼里有牛顿，你的讥笑中有爱迪生"。我们的视线不能只限制在现实世界里。虽然现实至关重要，但是只有现实是远远不够的，我们需要找出现实中隐藏的可能性。那么，可能性在何处呢？可能性隐藏在现实之中。教育的目标应该是在现实中找到他们的未来可能性，这样，教育才能走得更高、更远、更强。

因此，我们不能只是重视孩子当下的学习状态，更要关注孩子们的成长和发展。了解孩子的成长和发展需求，提供适合他们需求的学习资源和支持，激发学生的学习兴趣和动力，我们更应该了解他们的个性和潜力，帮助他们发现自己的优势和兴趣，激发学生的潜力和特长，让他们在学习和未来的职业生涯中更有自信心和竞争力。

宋庆龄幼儿教育奖获得者韩冰川老师扎根学前教育 32 年，用爱心和专业践行对理想教育的追求。她坚信"教育就是生命影响生命"，引领教师做幸福的教师，培养幸福的孩子。她倡导生活教育，开启自主游戏研究，推动幼儿园自主游戏的多元化发展；她设计开展基于"儿童本位"的"难忘童年系列活动"，让孩子拥有幸福童年；她重视儿童阅读；她发起了"书香宝贝行动计划"，带动 5000 多个家庭开展亲子阅读活动，发起"花婆婆行动"，为 20 多个乡村幼儿园建起绘本馆，让 2600 余个山区孩子爱上阅读，发现自己的潜能，为孩子奠基未来。

全国优秀教师金永七，在吉林省偏远的乡村学校坚守 35 年，帮助 300 余个孩子走出大山。他爱生如子，是学生的老师，也是孩子们的"爸爸"，不仅承担教育教学工作，还照顾学生的生活起居。他关爱留守儿童，为每个孩子庆祝生日，在学校建立"快乐活动室"，为留守儿童与家长建立网络沟通桥梁。他坚持学习，不断提升教育教学能力，努力探索适合乡村学生的教学方式，开展语、数、英、音、体、美等十多门课程，自编乡土课程，帮助每个孩子绽放光彩。

教育是爱的事业，没有爱就没有真正的教育。作为教育者，我们需积极响应培育学生核心素养的号召，全心全意地关注每一个学生，把无比神圣的教师之爱洒向每一个学生，就像春风化雨般滋养他们的内心深处。在充满爱意的环境中，他们得以快乐生活、挖掘学习潜力并不断成长。唯有在这种情感氛围下，学生们才可能茁壮成长，成为有理想、有本领、有担当的人。

主题 2

良师益友，假如我是孩子

陶行知先生曾经写过一首社歌，名字叫《教师歌》。这首歌在我们教师之间流传至今，经久不衰。有教育情怀的教师，不仅要会唱、用心地唱，更应唱出时代新意。

来！来！来！来到小孩子的队伍里，发现你的小孩。你不能教导小孩，除非是发现了你的小孩。

来！来！来！来到小孩子的队伍里，了解你的小孩。你不能教导小孩，除非是了解了你的小孩。

来！来！来！来到小孩子的队伍里，解放你的小孩。你不能教导小孩，除非是解放了你的小孩。

来！来！来！来到小孩子的队伍里，信仰你的小孩。你不能教导小孩，除非是信仰了你的小孩。

来！来！来！来到小孩子的队伍里，变成一个小孩。你不能教导小孩，除非是变成了一个小孩。

这是陶行知先生应陈鹤琴先生的邀请，为中华儿童教育诗社所谱写的社歌。陈鹤琴先生是中华儿童教育社的创始人，儿童教育家。"来！来！来！"这是伟大的教育家们发自内心的呼喊，是肺腑之言，如此真诚又如此深刻，如此急切，如此坚定，又如此感人肺腑、动人心弦。

如何才能教导我们的孩子们？如何才能成为孩子们的良师益友？几十年前，教育大师就给我们指明了正确方向，展现给我们如此清晰的思路，那就是我们要赶快到孩子们的队伍中去，去发现、了解、解放、信仰（高度信任）孩子。最为重要的是我们自己也要变成孩子，融入孩子中去，成为孩子真正的良师益友。当然，我们不可能也没必要在生理意义或物质意义上变成孩子，我们要做的是俯下身子，到孩子的队伍中去，在心理上、情感上、思维方式上、立场上变成孩子。

一、良师益友，解放孩子

孩子是社会的明日之星，是未来的希望所在。然而，我们的教育仍然以不同的方式束缚着孩子，他们的心灵被无尽的知识、分数压抑，他们的嘴巴被所谓标准答案禁锢，他们的双手被机械的重复训练束缚，他们的时间被才艺培训、考试、竞赛、补习占据，他们的世界被作业、试卷、参考资料充斥。经过层层过滤，他们的视线只能落在课本上，他们的心灵也只能沉溺在课本的世界中。解放孩子，就是解放他们的双手、解放他们的双眼、解放他们的心灵。

1. 解放双手，能玩会干

美国的教育家马洛尼提出，培养孩子的要诀之一就是"解放孩子稚嫩的双手"。他说过："过分的保护只会妨碍孩子从生活中通过自身实践去获取有效的教训，从而影响其尽快成长。"

陶行知先生曾提出："中国对于小孩子一直是不许动手，动手要打手心，往往因此摧残了儿童的创造力。……我们希望保育员或先生跟爱迪生的母亲学，让小孩子有动手的机会。"

作为孩子的良师益友，教师需要时常提供孩子们锻炼才华的机会，和孩子们一起亲自实践，去探索、去发现。我们要在他们心中播种下"我能行"的信念，滋养他们的自主独立意识，让他们从亲身实践中体验到动手的价值，分享成功的喜悦。

对于现阶段孩子来说，解放双手还有另一个含义，那就是我们的孩子双手之中的东西太多：课堂作业、强化练习、提高练习、试卷，做不完的练习；教材、必读书目、补充读物、报纸，读不完的材料；听写本、默写本、笔记本，写不完的本子。这些简单重复地练习捆住了孩子本应该灵活的双手。可喜的是，国家"双减"政策的出台，解放孩子的双手有了国家层面的支持。作为教师，我们更应该行动起来，有所作为。

2. 解放双眼，能观会看

作为教师，我们应该积极解放孩子们的眼睛，培养他们善于发现的眼睛。我们应该鼓励孩子们自由探索世界，让他们自己去发现自我，去发掘那些能让他们在未来有所成就的宝藏。我们应该和孩子们一起去探索世界，带着他们用自己的眼睛去观察，鼓励他们用独立思考去发现那些令人惊叹的新奇事物。让他们的眼界不仅仅局限于眼前，而且延伸到更广阔的领域，去追寻那些可能会改变他们一生的奇妙发现。这样，孩子们才能勇于探索未知，不断发掘自己的潜力和才华，在未来取得更大的成就。

3. 解放心灵，能思会想

我们需要解放孩子的心灵，让心灵自由起来，让孩子的想象力展翅飞翔起来。当孩子们大胆地想象、大胆地思考、大胆地创造的时候，他们的批判性思维和创造性思维就可能接踵而来。

孩子们的想象力如天马行空，无边无际，其中蕴含着情感的魔力，仿佛驱动着他们的心灵飞翔。这种想象力在他们的脑海中不断孕育出独特的创造力，如同翅膀，让他们在梦想的海洋中翱翔。孩子的创造力有时常常会被大人固有的想法、成见、曲解、幻想给层层裹挟。我们要发展孩子的创造力，就要先把孩子的头脑从大人的固有想法中解放出来。

我们再读李吉林老师写给儿童的《小鸟之歌》。"小鸟是黎明的歌手，呼扇着翅膀去迎接清晨的第一道阳光。小鸟的歌是会飞的歌。孩子喜欢小鸟，孩子羡慕小鸟，他们人虽小却心存高远，总想什么时候长上一对翅膀飞向远方。多少次，多少回，小鸟之歌在我心中鸣唱，歌声中，儿童的眼睛、儿童的智慧、儿童的情感，让我激动不已。此情此景，如诗如画，我仿佛也是诗人，蘸着情感的水，在儿童的心田里，写着明天的诗句。"

用情感的翅膀扇动想象的翅膀，让孩子的思维像飞翔的鸟儿一样自由自在，让他们的心儿像翩翩起舞的蝴蝶一样欢快地飞向那个美丽的、充满智慧的、无限光明的童话般的王国。在那里，一切都是那么美好，一切都充满了无限可能，让孩子在快乐中成长，在梦想中展翅高飞。

二、良师益友，信任孩子

小孩子能懂得什么？在这种心态之下，牛顿只是一个笨拙的凡人，瓦特只是一个平庸的工匠，爱迪生更是一个顽劣的小鬼。然而，正是这些被轻视的"小孩子"，在不懈的努力和创新中，成就了科学界的伟大突破，为人类社会带来了深远的影响。

陶行知先生在《师范生的第二变》中说，"小孩子的能力大得很，他们能做许多您不能做的事，也能做许多您以为他不能做的事"怎样才能教导孩子，做孩子们的良师益友？我们必须信任孩子，无比坚定地相信孩子，相信孩子有创造世界的能力。珍视孩子的梦想，并给予足够的时间和乐观的期待。

1. 让孩子站在"C位"

孩子既是教育的对象，更是教育的主体；孩子是教学活动的发出者、参与者，更是教育活动的设计者、创造者。站在孩子的立场上，就是让孩子成为教育的核心与主体，让孩子站在课程、课堂的"C位"。让孩子站起来，凸显孩子的自尊、自信和自豪。站在"C位"意味着有远大志向、视野和坚强的毅力，还有大担当的意志和能力。孩子不是知识的附庸，更不是分数的奴隶，我们要基于孩子已有的经验，从孩子的需求出发，尊重孩子学习的权利，信任孩子的学习能力，帮助孩子成为学习的主人、自己的主人。站在舞台正中央的儿童是面向未来、走向世界的主人。

2. 让孩子自我教育

"教育不仅为了孩子的学习，还为了使孩子能主动学习；教育不仅为了学生学习知识，还为了丰富他们的精神世界；教育不仅为学生明天的发展，还要为他们的童年获得最初的人生幸福"。

如何对待儿童的错误，陶行知先生的观点如此鲜明又发人深省："儿童不但有错误，而且常常有着许多错误。由于儿童年龄上的限制，缺乏经验，因而本身便包含着错误的可能性。"犯错是儿童的天性，因此，我们需要耐心、细心，采取合适的方式，引导孩子自我修正错误，在目标的指引下，自我导正方向。

再读读陶行知先生的四颗糖的故事：陶行知在校园里看到王友用泥块砸班上的同学，于是陶行知让王友放学后到校长室接受谈话。在谈话中，陶行知首先给王友一颗糖，因为他很准时，比陶行知先到了；其次陶行知又给了他第二颗糖，因为王友在陶行知制止他时立即停止了砸人，表现出了对陶行知的尊重；再次陶行知又给了他第三颗糖，因为王友路见不平，拔刀相助，表现出了正义感；最后在王友感动得哭了之后，陶行知满意地给了他第四颗糖，因为王友已经认识到了自己的错误。整个谈话到此结束。

让孩子进行自我教育，在自我教育中，处理好在学习、生活中遇到的问题，让儿童的主体性地位真正确立起来。

3. 让孩子参与研究

信任孩子，当然要研究孩子。我们深信，每个孩子都是天生的哲学家，他们具有思考和探究的天赋。

孩子需要我们的陪伴和帮助，因此，我们应该顺应他们的需求，与他们一起探索、研究，共同讨论，助力他们的成长，同时也能促进自己的成长，给成人带来新的启示。

因此，我们不能忽视孩子的哲学思考和探究愿望，不能忽视他们的研究能力。教师和儿童应该携起手来，共同探索教育的真谛，实现教育的最大效益。

三、良师益友，成为孩子

1. 回归童年

陈鹤琴先生说，让我们重温我们的童年，再做一回儿童。放松身心，重新感受童年的快乐。与孩子共同学习、分享快乐与幸福。

全国教书育人楷模叶海辉老师的学生说："我喜欢上叶老师的体育课，因为他不像一个老师，他像一个孩子一样，和我们一起玩、一起游戏。"

苏霍姆林斯基说，童年时代，一天犹如一年，要进入童年这个神秘之宫的大门，就必须在某种程度上变成一个孩子，只有在这种情况下，孩子们才不会把你当成一个偶然闯进他们那个童话世界大门的人。

与孩子们携手，一起探索这个充满奇妙与梦幻的世界，共同发现那些纯净而珍贵的心灵宝藏。在这里，我们可以一起分享快乐、悲伤、挫折和成功，感受生命中最美好的情感。在这个儿童世界里，我们可以重新感受到那份纯真和善良，让我们的内心得到升华和滋养。

2．保持童心

"世有三岁之翁，亦有百岁之童"，童心可以超越年龄。童心赋予我们无尽的想象力，激发我们对世界的好奇心，驱使我们不断追求创新、勇于实践。童心是永远年轻的心，童心是心中住着童年的我们，纯真无邪，欢声笑语。它是对儿童深深的理解，是和他们共享的纯真世界，是大人们遗忘了的童话故事。童心是那双探索世界的眼睛，是那份对生活的好奇与热爱，是那份无尽的想象力和创造力。

斯老师总是和孩子们一起探索、学习和玩耍，用心去发现每一个儿童的独特之处。童心其实就是真诚之心，也是关爱之心。一个小女孩，在母亲去世后，从一年级入学起就紧紧跟随斯老师，整天拉着她的衣服，嘴里不停地喊着"斯老师，斯老师"，就像一个小尾巴，有些人可能会因此而感到厌烦。但斯老师却认为，她只是因为年龄小，又失去了母亲，所以对女教师产生了亲近感。童心是永远年轻之心。斯老师说："如果不照镜子，我已经忘了自己的年龄。"在与孩子们的互动中，斯老师展现出了无尽的耐心和关爱，用童心去感受他们的世界，用真诚的心去与他们交流。这种关系不仅仅是师生，更像亲人、朋友一般。

3．成为孩子

当教师心里永远住着一个儿童时，他一定会走进儿童世界，一定会在充满简单之美的儿童世界里有新的发现、新的进步。只要怀揣着对未来的憧憬，像孩子一样纯真无邪，敞开心扉去感受，便能持续呼吸到新生的空气，让生命绽放出勃勃生机。

永正老师的课堂里充满着故事——他会讲故事，他让语文讲故事，让儿童讲述自己学语文的故事、自己成长的故事。儿童与教师本身也是故事。这样一来，永正先生的语文里，三个"儿童"相遇、对话、共生、共长。这三个"儿童"即教室里的儿童、语文里的儿童，还有他自己这位可爱的大儿童。儿童的语文，是三个"儿童"共同创造了儿童的语文，创造了"于氏语文"，编织了多彩的语文生活。在故事里、在语文里、在生活中，风格成为永正先生的背影，成为他人格的真实写照。

抛开岁月的束缚，让我们变成一个个十足的孩子，融入那群天真无邪的孩子之中。一旦教师化身为孩子，奇迹便接踵而至，师生关系瞬间变得亲密无间，学校瞬间变成了欢欣的乐园。我们会发现，自己与孩子们无所不谈、无所不玩，一起探索世界的奥妙。在这一过程中，我们已不再觉得自己是教师，我们是作为教师的儿童，一个长大的儿童，成为孩子们最真挚的朋友，传授着知识，陪伴着他们成长。

主题 3

因材施教，温柔且坚定

法国作家雨果说："世界上最广阔的是海洋，比海洋更广阔的是天空，比天空更广阔的是人的灵魂。"而教师这一阳光下的职业也被人称为"人类灵魂的工程师"，这就意味着一个教师要有强烈的责任心和事业心，要如春风般抚慰学生的心灵，坚定地在学生心中留下一片"绿地"。作为教师的我们也会在教育工作中时刻提醒自己，去努力挖掘每个孩子身上的潜力，和孩子们一起共执画笔，描绘美好的未来。

一、仁爱是教育之根——做个有温度的引路人

1. 用温柔和仁爱来融化坚冰

在教师的教学生涯中，总会经常遇到那种满身尖刺的孩子，这样的学生可谓操碎了不少教师的心，因为教师总会担心这样的学生会不会"误入歧途"。与其担心不如用温柔融化学生心中的坚冰，这需要教师能够站在学生的角度去理解孩子，发现症结所在，及时用爱打开孩子的心门，让温暖的阳光照射学生的心灵。

有一位班主任碰到了一位与众不同的同学小陈，他总是坐在角落里，大部分时间就安安静静地看着窗外的世界。尤其是在下课时，他的周身仿佛和外面的世界有一层屏障，一旦有人试图闯进他的领地，他就如同炸毛的刺猬一般扎得人生疼，而且他常常把刺竖起来，防备着别人对自己示好。

这样的学生往往让教师感到十分苦恼，因为这样的性格不适合直接批评。该教师就从小陈的家庭入手，发现小陈是单亲家庭之后，便在生活中给予小陈很多的关爱，逐渐卸下了小陈的心理防备，从而走进他的心灵。每到课间，教师也总会和小陈谈心，就这样在生活点滴中慢慢改变着小陈，终于在该教师这种温柔的"攻陷"下，小陈的尖刺也逐渐柔软了下来。

当面对学生时，教师一定要善于观察，善于用温柔和爱来走进学生内心，发现并肯定学生的闪光点，并站在学生的角度给予他们需要的爱，从而让学生真正感受到爱与关怀。

2. 用耐心和鼓励来等待花开

对于正处在青春期的初中生而言，心理是敏感而脆弱的，随着学习压力的逐渐增长，面对父母的高要求和同学之间的比较，心理也极其容易发生变化，因此需要得到家长和教师们的重视。教师要经常与家长沟通，了解每个学生的家庭情况以及教育方式，再根据学生的个性特点，进行有针对性的沟

通。再者，可以通过班级活动让学生感受不同的变化给自身带来的影响。教育是一个持续的过程，不能一蹴而就，而应用耐心和鼓励慢慢等待，去给予学生信心和力量。

任其平老师——学生心理健康成长的守护者，任其平老师总是会站在学生朋友的角度去帮学生来分析心中的压力。他在开解学生时，会让学生画树、画房子，然后在征得学生本人的同意，并尊重学生个人隐私的情况下来分析学生的心理情况。而任其平教师为了让影响学生成长的因素都能形成正向合力的作用，也付出了非常多的努力，比如心理健康教育月，他总是亲自牵头、严格把关，最忙时连饭都忘了吃。就是这样一位教师，守护着孩子们，看着他们奔向了光明的未来。而任其平老师对学生心理健康的守护也给了我们很多启发。

二、坚定是教育之魂——做个有底线的引路人

1. 用严慈相济来助力成长

很多教师在教育生涯中都会遇到小泼猴一样的学生，调皮捣蛋，难以管教。一方面，对这样的孩子不及时关注与纠正，就会影响整个班级的正常秩序；另一方面，对这样的孩子不及时伸出援助之手，就会影响其未来的一生。面对这样的学生，一味地说教未必能取得效果，一味地妥协和包容势必让势头滋长。该出手时就出手，教师只有在"斗智斗勇"中，用严慈相济来帮助孩子成长。

张老师班上有一个出了名的"小顽猴"小孙，非常桀骜不驯，犯错时说他两句，他也总会有理有据地反驳。这次又犯错误了，在做飞船模型时，因为材料不够就偷偷拿了同桌的玩具折了下来，事后还撒谎、不承认。

底线不能退，育人先育德。张老师决定一分为二地看待问题，与小孙开始一场智慧的"拉锯战"。首先肯定他内心想努力把飞船模型做好，可见动手能力好，而且喜欢探究。但是，当出现问题的时候，应该懂得尊重他人，可以主

动跟同桌沟通，在得到允许的情况下，才能进一步拆卸别人的东西；如果同桌不同意，则应该理解，再另想办法。通过长谈，"小顽猴"终于主动认错。在今后的学习和生活中，张老师都会时时刻刻严格要求小孙，触及底线时则及时指出问题，同时也会用"放大镜"发现他的优点，及时给他"戴高帽"。同时对他展开个别化教育，经常给他树立小目标，比如学会背一首诗或者写一篇作文等，让他获得成功的喜悦，以更高昂的姿态融入班级学习。

张老师被评为"优秀班主任"，他常说：对于很多学生而言，虽然在行为上给人以调皮捣蛋的感觉，但是他们并不是表面看上去的一无是处，教师要善于发现学生的优势，然后以正确的教育方法来引导学生、教育学生，同时教师也可以反省自己在教育这方面是否存在不足，做到教学相长。

2. 用因材施教来挖掘闪光点

每一个学生都是星星，闪烁着不同的光芒。教育的魅力就在于让每一个孩子都去绽放出他们的魅力。而作为教师更应该努力挖掘每个孩子身上的潜力，和他们共同成长。

电影《来自星星的孩子》讲述了一个叫伊桑的小男孩，他淘气好动，对于各种事物充满了好奇，成绩却一塌糊涂，经常被教师批评、被同学嘲笑。但新来的美术老师却改变了他的一生。美术老师尊重孩子的想法，认为天马行空的想象才是这个年龄的孩子应当拥有的最宝贵的东西。通过家访，美术教师发现伊桑不是不愿意学好，而是患有严重的读写障碍，并看到了伊桑在绘画方面的天分。于是，针对伊桑的情况，美术教师一方面鼓励伊桑大胆想象，画出自己心中所想，最终在学校的绘画比赛中获得冠军；另一方面则结合绘画的方法，帮助伊桑发现字母的规律，并逐渐记牢这些字母，让学习获得提升。伊桑在"爱"中获得了自信，笑容重新回到了脸上。可见，这位美术教师如同救世主一般，将伊桑从黑暗中牵引出来。

杨瑞清老师曾经提出过"学会赏识、扬长避短、促进迁移"的赏识教育理念，他说："想让孩子在哪个方面发展，就在哪里寻找闪光点。"这让我们明白了教育要让孩子在"我是好孩子"的心态中觉醒。而很多教师在教学生的时候，下意识地会陷入一个思想误区，总会拿一定的标准去严格要求每一个学生，但是每个学生都是不同的，他们有的热烈而开朗、有的安静而内敛，有的或许擅长讲话，有的或许擅长绘画，有的或许擅长运动。作为一名教师，我们绝对不能以成绩作为标准来压制孩子们的天性和特长。正如教育小孙一样，在发现他行为习惯变好了之后，就要开始仔细观察他的闪光点。

三、用温柔和坚定燃灯——绽放教育的光芒

1. 家校合力，爱与责任

最强的智是众智，最大的力是合力，最好的教育是家校共育。家庭教育是一切教育的基础，对孩子的思想意识和学习态度的形成和培养有着至关重要的作用，家庭是学生真正意义上的第一任学校，良好的教育更离不开家校的默契配合。许多教师正是利用家校共育这一特点，让爱滋润孩子心田，让孩子的成长更温暖。

四年级学生小宇，跟随爷爷奶奶生活，在外打工的父母为了联系方便，加之年前上网课，就给孩子买了台智能手机。然而，由于老人自己不太会操作智能手机，对于过度使用手机的危害缺乏足够重视，往往由着孩子的性子来，孩子单独住在一个房间，缺乏自制力，导致晚上长期沉迷于手机，白天上课睡觉。

针对小宇的这个情况，班主任及时联系了家长，询问小宇在家的表现，并和家长沟通，希望得到家长的协助，从而帮助小宇纠正自己的作息习惯。首先，班主任为小宇建立了明确的规定，设定合理的时间限制，确保小宇有足够的时间用于其他活动。其次，班主任和家长联合，通过培养小宇的课余爱好，慢慢地转移其对手机的兴趣。最后，则是让其父亲来设立奖励机制，当孩子成功抵制手机游戏并坚持一段时间后，可以给予一些适当的奖励。就这样在日复一日的坚持下，小宇的行为习惯开始发生了较大的转变，成绩也在稳步提升。

苏霍姆林斯基曾说："教育的效果取决于学校与家庭教育的一致性，如果没有这种一致性，那么学校的教学和教育过程就会像纸做的房子一样塌下来。"由此可知，教育的成功必然要家校合作共育。该班主任正是充分利用家校合作的力量，采用独特的教育视角和教学方法，帮助学生走出了当时的困境。目前，"双减"政策已经全面实施，家校合力的重要性更为突出、更为迫切。学生的成长过程中大部分时间在校园，因此学校要充分激发学生的学习热情；同时，学生的教育也离不开家庭，家庭要为学生营造爱的港湾，并与学校教育紧密结合。只有两者相互结合，同时发力，才能促进学生健康成长，取得教育高质量发展的新突破。

2. 坚定初心，育人成己

不忘育人初心，守护桃李芬芳。爱是教育的灵魂，教师要用慈爱、友善、温暖、真诚的心去教育和引导每一位学生，帮助学生打开知识之门，这源自日复一日、年复一年的坚持，正是教师大智慧的真实写照。他们坚守着初心，坚守着平凡，让每个孩子成为独特珍贵的"限量版"。

张巧梅是长布镇萃文中学的一位教师。她始终秉承行为示范、严慈相济的教育理念，不忘初心，潜心育人，为山区孩子播种着希望和信心。在教书育人方面，张老师偏爱后进生，对后进生给予无微不至的关怀；严爱优秀生，对优秀生提出了更高的要求并督促其取得更大的进步。在自身专业成长方面，张老师不断完善自身形象，在生活点滴中做好学生的榜样。"学高为师，身正为范"更是她一直以来不懈的追求。这默默付出、无私奉献的责任感，在张老师身上体现得淋漓尽致。张老师的辛勤付出，不仅得到了学生、同事以及学校的一致好评，她也在这种严格的要求下，通过努力获得了多种荣誉。

坚定初心，育人成己。教师要用心、用情做好每一个育人细节，努力培养有志气、有骨气、有底气的新时代接班人。教师也应有言为士则、行为世范的自觉，不断提高自身道德修养，以模范行为影响和带动学生，成为被社会尊重的楷模，成为世人效法的榜样。一分耕耘，一分收获。教师的努力与付出，不仅培育着学生的成长，更是自我成就的重要体现。坚守初心，坚持与爱同行，教师应成为有温度的教育者，去谱写和孩子一起快乐成长的精彩篇章！

善之本在教，教之本在师，师之本在德，德之本在爱。教育要尊重每一个学生的生命价值，尊重他们的生命自觉，让每一个孩子的价值得到彰显、得到唤醒。"让每一个孩子被看见"已成为每个教师努力的方向。面对每一位学生，面对着独特的个体，教师们总会跨越千难万险，寻找最合适的教学方式来陪伴孩子长大成人。许多名师的做法仍然值得我们关注，值得我们学习。例如潘艾华老师，她针对学生多元化的结构特点，注重因材施教，她擅长俯下身子来感受学生的喜怒哀乐；又如安文军老师，他在班主任工作中细致入微，非常关注学生的心理健康，在管理中严慈相济……同时，因材施教也是一种有效的教学方法，它能够最大限度地满足学生的学习需求，提高他们的学习效果和学习成绩。学生虽然个性不同，但是每一个都是可造之才，他们如同星星一样都用光和热彰显着自己存在的价值，在未来的教学中，教师应该更加注重学生的个性化和差异化，探索更有效的教学方法和策略，以便更好地为学生服务。

有教无类是大爱，因材施教是智慧。作为一位人民教师，应用爱去观察、去发现、去鼓励、去呵护这些纯洁的心灵。同时，教师也需要有独特的育人方法，用因材施教、用温柔和底线给学生树立正确的价值观，成为学生心中的榜样，成为一名传递幸福美好的教育工作者！

主题 4

诲人不倦，做学生的铺路人

子曰："默而识之，学而不厌，诲人不倦，何有于我哉！"诲人不倦，从中国传统精神文化的深处走来，诠释着教师对于传道授业解惑的历史传承和责任担当。一代师表，桃李天下，我们用勤勉、耐心与执着，践行着古老的智慧，传递知识的火种，培育无数渴望成长的灵魂。

在岁月长河中，教师的孜孜追求、谆谆教导，已为千古佳话，他们的一生都奉献给了学生，为了明天的希望，传授着智慧的钥匙。一代代的学子，在教师的关爱下茁壮成长，他们振翅高飞，在人生的舞台上绽放最美的光彩。而教师们依然默默耕耘，在教育的道路上，不断追求卓越、诲人不倦，让每一个梦想都能绽放出耀眼的光芒。

诲人不倦，做学生的铺路人，对于每一个有教育情怀的教师来说，不仅仅是一种职业责任，更是一种深深的历史使命感。作为学生成长道路上的引路人，我们教师有责任也有义务用耐心和爱心为他们铺设一条宽广的大道。

一、诲人不倦，源自圣贤教诲

孔子曰："诲汝知之乎！知之为知之，不知为不知，是知也。""诲人不倦，则可矣。"

孔子的一生，乐于教诲人，不知疲倦。他非常重视知识的学习和传授。他不仅自己努力学习，不知疲倦，而且乐于教导别人，不知疲倦。

据《孟子》记载，孟子曾经说过："君子有终身之忧，无一朝之患。"一个君子应该忧虑的是如何教育好自己的学生，而不是追求一时的功利。

中国古代的墨家学派创始人墨子强调"虽不扣必鸣者也"。墨子的教育理念强调教学的主动性，作为教师也要主动，你问要回答，你不问也要主动去"诲人不倦"。

二、诲人不倦，书写时代新篇

1. 圣贤智慧，赓续传承

诲人不倦，不仅仅表达我们坚定不移地传承中国古代圣贤的智慧和优良文化传统，同时也是我们教师对教育祖国未来的承诺和对教育的执着追求。圣贤先哲的至理名言无时无刻不在提醒着我们，在教导学生时要有耐心、恒心和毅力，因为教育是一项长期而又细致的工作，它需要我们教师源源不断地投入精力和时间。在教书育人的道路上，我们要始终铭记先哲们的伟大，感激他们的付出与智慧，让历史的记忆永存，让教育的真谛永放光芒。

2. 守中有变，变中有守

新时代的到来，教师必须看得到、看得清，抓得住、抓得紧。我们更要把握机遇，积极应答。我们要在坚守中改变，在改变中坚守。无论时代如何变化，作为教育工作的核心力量，教师诲人不倦的精神不可或缺，是学生铺路人的角色不会改变。我们教师要携手共进，共同书写教育的新篇章，让那些世代传颂的古老箴言，在我们手中焕发出新的生机与活力。

3. 为党育人，为国育才

习近平总书记指出，"国无德不兴，人无德不立"。社会主义核心价值观就是德，既是个人之小德，又是社会民族之大德。教育是科学，在于求真；教育是艺术，在于创造；教育是事业，在于奉献。教师是教育教学工作的中坚力量，是担当起立德树人光荣使命的重要依靠。只有我们教师诲人不倦，才能培养一代代拥护中国共产党领导和我国社会主义制度、立志为中国特色社会主义事业奋斗终身的有用人才。正如彼得斯所说，"不管你是不是愿意，每一位教师都是道德教师"。教师要有理想信念、有道德情操、有扎实学识、有仁爱之心。这是新时代对教师的新要求。通过言传身教、诲人不倦地引导学生听党话、跟党走，培养学生正确的世界观、人生观、价值观。

全国模范教师、国家级教学名师、国家科学技术进步奖一等奖获得者王建国教授，从教33年，他从中国城市建设优秀案例中深挖思政元素，在学生心中播下专业报国的种子，培养学生的爱国情怀和社会责任感。他将课程教学与国家战略、城乡建设相结合，带领学生参与汶川特大地震灾后重建、乡村环境提升等工作。这些实践活动不仅使学生的专业知识得以应用，也培养了他们的实践能力，让他们在为社会做贡献的同时，也进一步增强了爱国情怀和社会责任感。

我们教师作为未来人才的培养者，重任在肩。我们不仅是传授知识的导师，更是引领学生成长的铺路人。我们要以诲人不倦的教育理念，全心全意地关心每个学生的发展，耐心地为他们答疑解惑，细心地关注他们的成长点滴。这样的精神不仅会让学生在学习中获得丰富的知识，更让他们在成长过程中拥有自信和力量。

三、诲人不倦，铺就成才之路

1. 适时引导，点石成金

点石成金，也说点铁成金。神话故事中说仙人拥有神奇点金术，用手指头一点使石头变成金子，比喻把不好的或平凡的事物改变成很好的事物。

诲人不倦，点金术从不缺席。教育教学中"点石成金"是指教师要善于将学科知识巧妙地转化为一种更易于让学生理解和掌握的形式。它强调的是教师对专业知识的驾驭能力，以及对教育教学的深刻理解。通过这种转化，学生的学习素养得以提升，同时也在潜移默化中培养了终身学习的能力。

要想在教育教学中"点石成金"，我们就需要不断提升自身专业素养，结合教育教学实践经验，探索创新教育教学方法。根据学生的学情、学科特点及实际需求，灵活运用多样化的教学策略，化繁为简、点石成金，使每一个学生都能在原有的基础上得到充分的发展与提高，充分发挥自己的潜能与特长。同时，引导学生发现问题、解决问题，激发他们的创新思维，提高其综合能力。

全国优秀教师弭光艳老师坚定践行"以美引善，以形悦目，以情感人"的教学理念，以引导学生感受身边之美、家乡之美为出发点，每年都为学生举办具有影响力的画展。她的教学方法具有创新性，善于"点石成金"。她将美的种子深深播撒在学生们的心中，用艺术的力量助力乡村孩子们建立自信。她善于因地制宜，将乡土美育资源进行优化整合，创新性地研发出"'毛毛狗'拼贴画"校本课程。她建立了一个别具一格的"毛毛狗"工作坊，进一步推动了学科之间的深度融合。她将课堂教学、社团活动、艺术活动、社会实践以及校园文化建设等环节有机结合，培养学生的创新精神和实践能力。

2. 个性指导，规划人生

每一个学生都是独一无二的个体，每一个学生都有他们自己的兴趣、才能和潜力。我们要关注学生的个性发展。每一个学生都有自己的特点和优势，我们应该根据学生的实际情况，制定出适合他们的教育方法，激发他们的学习兴趣，让他们在轻松愉悦的环境中茁壮成长。作为教育者，我们的任务不仅仅是传授知识，更重要的是注重学生的个性化需求和特点，关注每个学生的成长和进步，引导他们发现自己的潜能，提供个性化的指导和支持，培养他们的创新能力和独立思考的能力，促进学生个性化发展。为此，我们需要以无比的耐心和热情来对待每一个学生。

在教育领域深耕36年的全国模范教师眭碧霞老师，以其卓越的教育理念和人才培养模式，展现了职业教育的独特魅力。她不仅创立了"职业情境、项目育人"的创新型人才培养模式，更构建了跨专业的"双元"式教学团队，灵活运用数字技术调整教学内容，引导学生发掘自身潜能，助力学生个性化发展。同时，她不仅为学生提供择业指导，更关心他们的职业发展道路，给予他们全面的呵护与关爱。眭碧霞老师以专业的教育理念和诲人不倦的精神，成为职业教育的典范。

（1）了解学生，提供人生规划

教师需要深入了解学生的兴趣、才能、价值观和目标，这可以通过与学生发挥个人交流、阅读他们的作品和观察他们的行为来实现。教师可以为学生提供关于职业规划、教育规划、生活技能和社交技能的教育。

（2）鼓励探索，提供个人辅导

教师可以通过组织实地考察、邀请行业专家来校演讲、提供实习机会等方式，鼓励学生探索各种职业和生活方式。教师可以为学生提供个人辅导，帮助他们识别自己的兴趣、才能和价值观，并制订实现目标的计划。

（3）建立支持网络，培养自主能力

教师可以通过组织小组讨论、建立学生互助小组、提供在线资源等方式，建立一个支持网络，使学生在规划人生的过程中得到支持和鼓励。教师可以通过培养学生的自主能力，如独立思考、解决问题、决策制定等，来帮助学生更好地规划自己的人生。

山东省五一劳动奖章获得者闫蕊老师在过去的 22 年里，秉持着诲人不倦的教育理念，通过深入了解每个学生的特长和优点，点燃他们的希望和梦想。她不仅关心学生的学业成绩，更注重学生的个性化发展和社会融入。

她通过活动化课程，充分发挥每个学生的潜能，帮助他们建立自信心和积极的生活态度。同时，通过生活化课程实践，她引领学生逐步走向社会，培养他们的独立生活能力和社会适应能力。

她还通过建立支持网络支持学生的成长和发展。有的学生在她的悉心培养下成功升入高等院校继续深造，有的则顺利入职企业或自主创业。

3. 关注情感，读懂学生

我们要关注学生的情感需求。学生也是有情感的人，他们需要我们的关爱和支持。我们应该关注学生的情感变化，了解他们的困惑和烦恼，给予他们及时的帮助和指导，让他们在成长的道路上充满信心和勇气。

做有教育情怀的教师

韩丽，浙江省优秀教师、智慧班主任，从教27年，其间担任了22年的班主任。她的故事就是一部以关爱和诲人不倦为主旋律的诗篇。韩丽老师不仅深究学术殿堂，更注重每个学生的情感世界。她以母亲般的关怀，时时刻刻地关注课上课下学生们的情绪变化，了解他们的情感需求。教室里、操场上、办公室内随时可以看到她和学生亲切交流的身影。为了更好地破解学生心中的困惑和烦恼，她经常选择用书信的方式，倾听他们的声音，与他们沟通交流。她的笔触如同温暖的阳光，照亮了学生的心灵，引领他们走出困境，找到希望。

（1）观察学生的行为，倾听学生的声音

教师要随时注意观察学生在课堂上的反应、参与度以及与同伴和教师的互动。这些线索可以告诉我们他们是否感到快乐、是否遇到了困难、是否对某个主题感兴趣等。利用课间休息、学生作业或单独谈话的时间，教师主动与学生交流，倾听他们的想法和感受，试着了解他们对学习的态度、对教师和课程的看法以及他们所面临的困难。

（2）关注学生的情感，建立良好的师生关系

教师需要关注学生的情感需求，为他们提供安全、支持和鼓励的学习环境，让学生感到被接纳和理解。对于那些在学习上遇到困难或情绪波动的学生，提供适当的鼓励和引导。教师要与学生建立信任和尊重的关系，让学生感受到老师关心他们的学习进步，也关心他们的个人成长。

（3）持开放的心态，及时反馈和鼓励

教师要为学生提供及时、具体和有建设性的反馈，让他们知道自己的努力方向。同时，我们也要及时表扬和鼓励学生，让他们感到自己的付出得到了认可。教师要保持开放的心态，愿意接受学生的不同观点、背景和需求，并尊重他们的个体差异。

全国优秀教师吴福全老师扎根草原教育22年，在教学中秉持"以学习者为中心"的理念，探索形成化学学科高效课堂教学模式，鼓励学生讨论、质疑，做学习的主人，乐意接受学生们的不同观点，教学质量显著。作为班主任，他爱生

如子，坚信尊重和信任是最好的成长催化剂，善于适应学生们的个体差异。用细心和耐心温暖困难学生。他善于抓住学生成长中的闪光点，抓住每一次教育契机进行表扬、鼓励和引导，他所带班级曾被评为"自治区级先进班集体"。

做一个有教育情怀的教师，诲人不倦，做学生的铺路人，助力他们在未来的旅途中稳步远行。这不仅仅是我们教师的职业操守，也是一种崇高的精神追求。作为教师，我们需要时刻保持一颗教书育人的初心，用真挚的心去引导和帮助每一个学生，让他们在教育的熏陶下德智体美劳全面发展，成为对社会有积极贡献的人才。

专题三
坚守：笃行不怠书春秋

　　教师是勇敢的战士，因为他们勇于奉献，始终如一地面对困难，从不退缩。他们用自己的智慧和力量，帮助学生解决难题，实现梦想，为教育事业的无私付出令人敬佩。教师还是现实的践行者，他们不仅勇于战胜困难，更是脚踏实地的人。他们用自己的行动，为学生树立了榜样，教会他们如何面对生活中的挑战和困难。

笃 行不息书春秋，岁月如梭绘华章。在人生的征途中，坚守是一种无形的力量，它承载着我们的信念，激发着我们的热情，让我们在风雨中坚定前行。爱岗敬业是教师坚守的第一要义。正因为教师是爱的使者，他们爱岗敬业，因此勇于奉献，将知识、智慧和热情传递给下一代，为社会的进步和发展做出了重要贡献。

坚守是一种信念，是一种不屈不挠的精神。它意味着在困难面前不退缩，在压力之下不妥协。只有坚定的信念和毫不动摇的决心，才能战胜一切困难和挫折，才能让我们在困境中勇往直前。

笃行不息是坚守的行动体现。只有通过不懈的努力和坚定的执行，才能实现自己的目标。不论前方的道路多么崎岖，我们都要坚定不移地走下去。因为只有通过行动，我们才能证明自己的坚守。

只有在坚守中，我们才能找到真正的自我；只有在笃行不息中，我们才能实现自己的价值；只有在书春秋中，我们才能体会到教育的美好。

主题 1

爱岗敬业，甘当孺子牛

坚守，是一种信仰，厚植内心，忠于灵魂；坚守，是一种行动，躬身践行，无怨无悔；坚守，是一种传承，交棒接力，共绘春秋。在爱岗敬业中，秉承初心；在甘当孺子牛中，书写传奇。

一、蜡烛燃烧，情系育人

师者如光，微以致远。教师，如同一支蜡烛，在黑暗中燃烧，照亮学生前行路。作为一名有情怀的教师，爱岗精神、敬业精神和标杆力量是我们必备的品质。而蜡烛燃烧，温暖而持久，不仅照亮黑暗，更能点燃希望。教师，用爱岗精神、敬业精神和标杆力量，为学生铺设坦途。

1. 热忱执着，追求无边

书山有路勤为径，学海无涯苦作舟。爱岗精神是有职业情怀的教师的基石。教师热忱执着，对教育事业怀有无限热爱和追求。我们不仅热衷于教学，还积极参与学校各项工作，投身学校发展的各个方面。教师用心灵去感受每一个学生的成长，用行动去推动教育的进步。同时，把教育视为自己的事业和责任，不仅关注学生的学业成绩，更注重培养学生的品格和综合素养，为学生创造更好的学习环境和成长机会，我们相信每一个学生都有无限的潜力，为学生的梦想助力，为社会培养出更多的栋梁之材。

如果说爱岗敬业是一种天职，那么，追求无边的事业，感悟奋进的热诚，则成为每个教师天然的使命。注重培养学生的创新思维和团队合作能力，鼓励学生勇于探索和尝试，培养学生的创新精神和创造力。通过启发式教学和项目学习，激发学生的想象力和创造力，鼓励学生在团队中合作、协作，培养他们的沟通能力和团队精神。我们始终相信，培养学生的精神和团队合作能力，是学生未来成功的关键。

感动中国人物张桂梅老师曾说，"学生们远方有灯、脚下有路、眼前有光，在山沟沟里也能看到外面精彩的世界，看到美好的未来"。她对学生视如己出，用无私的爱将孩子们送进理想学府。她是同行眼中的"燃灯校长"，也是孩子们眼中的"校长妈妈"。

记得开学之初，面对寥寥无几的学生，张桂梅挨家挨户做工作，一家一家讲教育。嘴干了，用舌头抿一抿；腿乏了，跺一跺继续行；鞋磨破了，补一补继续穿。那段时间，张桂梅晒黑的脸，是"热忱执着，追求无边"的勋章；豆大的汗珠，是对张桂梅老师最好的"褒奖"。

2. 责任担当，师德楷模

千磨万击还坚劲，任尔东西南北风。教师的敬业精神也是不可或缺的。责任担当是敬业的核心，教师们时刻牢记自己的使命，为学生的成长负起责任，不仅传授知识，更注重培养学生的品德和思维能力。作为师德楷模，以身作则，用自己的言行影响着学生，成为学生心目中的榜样，让教育事业的"主心骨"越来越硬，"主旋律"越唱越响。

敬业精神是有情怀的教师的重要品质。教师以高度的责任感和职业道德投入教育工作中，不仅在课堂上传授知识，更注重培养学生的创新能力、合作精神和社会责任感。通过不断学习和探索，提升自己的教学水平和专业素养，积极参与教育培训和学术研究，不断更新自己的教育理念和教学方法，用行动诠释教育的真谛。

曾有人说，"教育是一场遇见，一种情怀，一次修行"，把心思集中在"会教书"上，把能力展现在"教好书"上，便是一种"职业本能"。在教学中，教师应始终做到换位思考、一视同仁。其间，教师注重培养学生的人文关怀和社会责任感，鼓励学生关注社会热点和问题，培养他们的公民意识和社会参与能力；通过组织社会实践活动、开展公益项目，让学生亲身体验社会的多样性和复杂性。教育学生要有眼光、有担当，用自己的智慧和行动，为社会的进步和发展贡献力量。

3. 榜样力量，教育典范

问渠那得清如许，为有源头活水来。标杆力量是有情怀的教师的象征。教育典范激励着其他教师的努力和进步，不仅在教学上有卓越的成就，还在教育研究、教育改革等领域有着广泛的影响力，并以自己的实际行动诠释教育的力量，成为教育界的明星，引领着教育的发展方向。

教师以卓越的教育智慧和高尚的德行，影响着学生的一生，不仅在教学上取得优异成绩，更在品德和人格上树立典范。注重培养学生的道德素养和价值观，教育学生成为有担当、有正义感、有良知的人。正是因为有了爱岗精神、敬业精神和标杆力量，有情怀的教师才能在教育的舞台上发光发热。用自己的热情和奉献，点燃学生内心的火焰，为他们的未来播下希望的种子，激发学习兴趣和潜能。

然而，成为有情怀的教师并非易事。在教育的道路上，教师也面临着重重困难和挑战。教育环境的变化、学生的多样性和社会的压力都会对教师的情感和意志造成考验。但正是这些困难和挑战，锤炼了教师的意志和品质，使我们更加坚定地走在有情怀的教育之路上。

"加餐校长"章站亮，一句"饱了吗"感动无数人。面对父母外出打工的孩子们，章校长既是孩子们的"爸爸"，更是孩子们的"妈妈"。

多年来，章校长自费，给孩子们购买蔬菜、牛奶等，供孩子们进餐。一大早天还没亮，他便到市场上了解行情，选购新鲜食材，只为孩子们"舌尖上的美味"。当问及章校长为什么这样做时，他只是笑着说道，"并不是孩子们家里困难，只是想更多地和他们亲近，多一点关爱"。章站亮早已成为孩子们心中的"章妈妈"，他也正是当代教育的榜样与典范。

相信教育的力量，相信每一个学生都有无限的潜力。我们用自己的热情和奉献，为学生的成长和未来贡献力量。让我们以爱岗精神、敬业精神和标杆力量为支撑，用智慧和爱心引导学生走向光明的未来，用自己的行动诠释着教育的力量，为学生的梦想助力，蜡烛燃烧，情系育人，教育事业因我们而精彩绽放。

二、默默付出，笃行不怠

春蚕到死丝方尽，蜡炬成灰泪始干。在教育事业中，有一种精神被称为"孺子牛精神"。这种精神源自孔子所说的"孺子牛，吾牛也"，阐释一种默默付出、笃行不怠的精神态度。有情怀的教师通过展现孺子牛精神，以"滚石上山、负重前行"的决心抓教育，以"时不我待、只争朝夕"的作风推工作，以"善始善终、善作善成"的精神强落实，为学生的成长和发展默默耕耘。

1. 勤奋笃行，毅力铸就

勤奋笃行是"孺子牛精神"的重要体现。教师以勤奋的态度投入教育工作中，不仅在备课、批改作业等日常教学中付出大量的时间和精力，还积极参加各种教育培训和学术研究，不断提升自己的教学水平。坚持不懈地追求卓越，用行动诠释教育的真谛。其间，他们默默地付出，无论是在课堂上还是课后，无论是在学生的学习上还是生活上，都尽心尽力地关心和帮助学生，为学生付出额外的时间和精力，帮助他们解决问题、克服困难，引导他们成长和发展。

师者，传道授业解惑也。教育，就是要"育德"，点燃"干事"的激情，树牢"做事"的航标，注重"成事"的效率。

曾记得，班上一个可爱的小女孩，从小就跟着奶奶一起生活。刚开始时，她很腼腆，甚至有些怯懦，不与同学交朋友。于是，我就特别关注这个孩子，通过观察，表面上看起来怯懦的她，内心也很渴望被大家接受，感受那份快乐。为此，我有意引导她积极配合工作，课后与她谈心，鼓励她交朋友。一段时间后，这个小女孩发生了很大变化：上课能够主动积极反馈，对课程内容产生浓厚兴趣，课下也会主动跟别人交朋友，整个人变得很开朗活泼。在以后的教学生涯中，我也会坚持用爱"育人"，以赤诚之心教化"人心"，让孩子们成长为人格健全、品质优良的"祖国花朵"。

2. 全情投入，实践展现

全情投入是"孺子牛精神"的另一个重要方面。有情怀的教师将全部心思都投入教育事业，关注每一个学生的成长，注重培养学生的个性和兴趣，与学生建立起深厚的情感连接，用爱和关怀温暖着每一个学生的心灵。同时，教师不仅是知识的传递者，更是学生人生路上的引路人。他们通过不断学习和探索，更新教育理念和教学方法，提升自己的教学水平和专业素养，参加教育培训和学术研讨，与同行交流和分享，不断提高自己的教育能力和教学效果。

道阻且长，行则必至。我们始终秉持"道虽通不行不至，事虽小不为不成"的人生信条，坚持德育先行，立德树人，切实把学生需求作为"第一选择"，把学生利益作为"第一标准"。在课堂上，学生不仅仅是一个个面孔，而是有着丰富情感和思想的个体，通过倾听和关心，与学生建立起真挚的情感连接，用心去理解学生的喜怒哀乐，与他们分享快乐和悲伤，不仅关注学生的学习成绩，更关心学生的情感状态和成长需求，我们要做出标杆应有的担当姿态，亮出尖兵应有的拼搏风采，才能让学生交出过硬的答卷。

3. 无私奉献，教育成就

无私奉献是"孺子牛精神"的核心。教师将学生的利益置于自己的利益之上，将教育事业视为自己的使命，无私地奉献自己的时间、才华和爱心。我们愿意为学生付出一切，不计回报，只希望看到学生茁壮成长的喜悦。教师的奉献精神激励着学生，也影响着整个社会。当然，无私奉献不仅体现在教师的个体上，更体现在教育团队和学校的集体上。有情怀的教师愿意与同事合作，共同探索和实践教育的最佳方式，相互支持和鼓励，在团队中形成良好的学习氛围和合作氛围，分享教学经验和教育资源，相互学习和成长，与学校的管理层紧密合作，共同推动学校的发展和进步，用自己的团队精神和协作能力，为学生提供更好的教育环境和学习机会。

教育成就更是一种哲学。我们始终相信每个学生都是独特而宝贵的，每个学生都有自己的成长轨迹和发展潜力。我们尊重学生的个性和差异，鼓励他们发展自己的特长和兴趣。教育巨匠知道，只有真正理解学生，才能够为他们提供个性化的教育，激发他们的学习热情和创造力。

当然，"孺子牛精神"并非易得。在教育的道路上，我们也面临着重重困难和挑战。教育环境的变化、学生的多样性和社会的压力都会对教师的情感和意志形成考验。但正是这些困难和挑战，锤炼了教师的意志和品质，使我们更加坚定地走在有情怀的教育之路上。通过勤奋笃行、全情投入和无私奉献，将教育事业推向新的高度，用自己的努力和付出，为学生创造了更好的学习环境和成长机会，为学生的梦想助力，让未来已来。

三、育人为尚，情深德高

十年树木，百年树人。教育巨匠是有情怀的教师的象征，教育，不仅要"授人以鱼"，更要"授人以渔"；不仅要"言传"，更要"身教"。教师，就是要以其卓越的教育智慧和高尚的德行，影响学生的一生。情感共鸣和德行传承是教育巨匠的重要特质。

1. 共鸣情感，心灵共鸣

情感共鸣是教育巨匠的核心能力之一。教师能够真正理解学生的内心世界，与学生建立起深厚的情感连接。通过倾听、关心和理解，感知学生的需求和困惑，并给予适当的指导和支持，用自己的关怀和理解，激发学生的学习热情。

情感共鸣是教育巨匠的核心能力之一。教师不仅仅是知识的传递者，更是倾听者和理解者。教师以敏锐的洞察力和深厚的同理心，穿透学生的外表，触摸到他们内心的世界，明白每个学生都有独特的背景和经历，每个人都有自己的梦想和困惑。学生敞开心扉，勇敢地表达自己的想法和感受，不再害怕犯错，因为他们知道教师会给予支持和鼓励，为学生创造了一个安全和温暖的学习环境。在这个环境中，学生敢于冒险、敢于探索、敢于展示自己的才华和潜力。

在教师的指导下，学生感受到了教育的力量和温度。学生不仅在知识上得到了滋养，更在心灵上得到了滋养，点燃了内心的火焰，激发了对知识的渴望和追求。教师不仅成为学生的导师和引路人，更成为学生的朋友和伙伴，学生在成长的道路上收获了更多的勇气和智慧，将继续传承教育巨匠的情感共鸣，将爱和关怀传递给更多的人。

2. 培养精神，希望之光

德行传承，教育之基石。德行传承是教育的另一个重要方面。我们以身作则，用自己的行为和品德影响学生，注重培养学生的道德素养和价值观，以高尚的德行和道德标准要求自己，并将这种要求传递给学生。不仅注重学生的学业成绩，更注重培养学生的精神境界和人生追求。我们深知，只有培养学生的精神，才能让他们在人生的道路上找到真正的意义和价值。

在教育课堂上，学生不仅仅是知识的获取者，更是品德的塑造者。教师要注重培养学生的自律和责任感，教育孩子们学会承担责任、尊重他人、关爱社会。通过讲述真实的故事和生动的案例，激发学生对善良、公正和正义的向往。教育巨匠用自己的言行和品德，成为学生心中的楷模，为他们树立正确的人生导向。

用自己的智慧和爱心，培养学生的精神境界和人生追求。相信每一个学生都有无限的潜力，愿意为学生的成长和发展付出一切努力。育人为尚注重培养学生的品格和道德素养，引导他们树立正确的人生观和价值观。他们鼓励学生追求真理、追求卓越，成为有远见、有担当的人，学会关心他人、尊重他人、关爱社会，成为具有高尚情操和社会责任感的人，用教师的智慧和爱心，点亮学生内心的希望之光，引导他们走向充满希望和可期的未来。

3. 润物无声，德行传承

通过情感共鸣和德行传承，为学生树立榜样，激发他们的内在动力，塑造他们的品格，不仅注重学生的学业成绩，更注重培养学生的创新思维、团队合作和社会责任感。我们相信每一个学生都有无限的潜力，愿意为学生的成长和发展付出一切努力。

一分耕耘，一分收获。人民教师张玉滚经历了17年的艰苦磨炼，他不忘初心坚守大山深处，用知识照亮山村孩子的求学之路，托起了乡村教育的希望，练就了过硬的技能，手执教鞭能上课。张玉滚老师鼓励孩子们动手、动脑、动口，在知识的冲撞中产生新的疑惑、冒出新的想法，培养孩子好奇、好问、好探索、想象与创造的可贵品质，让每一个孩子都能看到这个世界别样的"美丽精彩"。

一次放学后下大雨，张玉滚老师背着大山里的孩子，往返几十公里，并将孩子们一一送回家。面对泥泞的道路，张玉滚全身布满泥巴，孩子们在老师背上却安然无恙。当最后一个孩子被张玉滚老师安全送到时，他才发现，自己的腿上早已布满了血痕，自己却浑然不知，那是勇敢、无畏，更是德行、传承。

教师以其高尚的德行和卓越的教育智慧，不仅在学生的学习中起到引路人的作用，更在德行传承中发挥着重要的作用。德行传承，不仅体现在教学中，更体现在生活中，我们以真诚、宽容、正直、谦逊的态度面对生活的挑战，用坚韧、勇敢、乐观、积极的心态迎接人生的起伏，德行榜样，深深地烙印在学生的心灵深处，成为学生成长道路上的指南针。

我守我心，我行我责，甘为人梯，初心不改。这就是作为有情怀教师的体悟。师爱是明灯，照亮孩子的人生；师爱是火焰，点燃孩子的热情；师爱是力量，鞭策着孩子奋进。未来，我们将继续用爱呵护孩子，为灵魂"补钙"，为品德"提纯"，为本领"淬火"，理解、宽容、激励，帮助他们茁壮成长，在播洒阳光的同时，也把爱种在孩子的心间，为孩子点燃希望的灯，用爱心做好孩子的"引路人"。

主题 2

勇于奉献，坚守师德底线

育人，是耐心、细心、决心的结晶。教育路上没有一蹴而就的成就，只有育人初心的坚守。以师德为魂，在"随风潜入夜、润物细无声"中浸润心灵，坚守底线，让教育之花绽放得更加绚烂。

一、勇于奉献，教育的力量

教育路上，教师总以无私奉献的精神，激发学生奋进的力量。教师不仅是知识的传递者，更是心灵的引领者。以爱之名，点燃学生内心的火焰，激发他们对知识的渴望与追求，以行动诠释教育真谛，做学生成长的"引路人"。

1. 无私奉献，激发力量

无私奉献是"育人初心"的精髓。教师将教育视为一种使命、一份责任，不仅在课堂上传授知识，更要以身作则，用自己的实际行动影响和启迪学生。教师愿意付出更多的努力，承担超越常规的教学任务，只为学生的进步和成功，教师用自己的爱和奉献，为学生编织一张温暖的网，让他们在教育的海洋中悠然航行。

有情怀的教师，以无私奉献的精神激发教育之力，让奉献超越一份职责的定义，成为一种无私的可能。在教育的舞台上，教师不仅要塑造学生的智力，更要引导学生成为有思想、有品德、有情感的接班人。我们关注每个学生的需求和差异，尽力满足他们的想法。当学生在学习上遇到困难时，我们会耐心引导他们，与学生进行一对一的交流和指导，让每个学生都感受到关爱和支持。

正如孟郊在《游子吟》中所写"慈母手中线，游子身上衣"。教师用自己的言行和榜样影响学生，教会他们如何做一个有担当、有责任感的人，用自己的奉献激发学生内心的力量，让他们在教育的征程中发光发热。我们相信，每个学生都有无限潜能和可能，让他们敢于展现自己、成就未来。

感动中国人物张米亚——当汶川县映秀镇的群众徒手搬开垮塌的镇小学教学楼的一角时，被眼前的一幕惊呆了：一名男子跪伏在废墟上，双臂紧紧搂着两个孩子，两个孩子还活着，而他已经没了呼吸！由于紧抱孩子的手臂已经僵硬，救援人员只得含泪将之锯掉才把孩子救出。

"摘下我的翅膀，送给你飞翔"。多才多艺、最爱唱歌的张米亚老师用生命诠释了这句歌词，也用"言传身教"诠释着新时代人民教师的使命作为，用"无声的抗争"诠释着护航的意义，用血肉之躯为他的学生牢牢守住生命之门。

2. 释放潜能，成就力量

释放学生潜能，让"未来之窗"点亮。每个学生都有其独特的潜能和才华，教师要发现并激发这些潜能。我们不仅注重学生的学习能力，更注重学生的创造力、领导力和社交能力。因为教师始终相信，每个学生都是独一无二的，每个学生也都有无限可能，相信他们独特的潜能和才华等待着被发现和释放，相信每个学生只要给予适当的引导和培养，都可以在各自领域取得卓越的成就。

教师为学生提供安全、认可、鼓励的环境和氛围，让他们敢于展现自己的才华和潜能。我们用关爱和耐心的态度，帮助学生克服困难和挫折，鼓励学生独立思考、勇敢尝试，培养他们解决问题的能力和创新思维方式。通过激发学生的潜能，让每个学生都可以成为自己的英雄，实现自己的梦想。

潜能的释放是一种自信的彰显。教师鼓励学生保持积极的心态，勇于追求卓越，成为生活的主角。这种潜能释放，不仅改变了学生的人生轨迹，也为社会的进步和发展注入了源源不断的活力。

3. 耐心陪伴，改变力量

教育不仅是知识的传递，更是对学生整体发展的关注和呵护。作为教师要投入时间和精力，与学生建立深厚信任。我们耐心倾听学生困惑，给予他们积极的回应和指导。无论学生面对何种困境和挑战，都会与他们并肩前行，给予他们力量和支持，让学生在成长的道路上感受到关怀和温暖。

有情怀的教师是学生的倾听者，愿意耐心地倾听学生的困惑和问题，用心去理解学生的内心世界，给予他们关注和理解。无论是学习上的问题还是生活中的困扰，教师都会给予学生关切，与学生建立起深厚的情感连接。同时，教师不放弃任何一个学生，无论学生遇到怎样的困难或挑战，都会给予耐心的陪伴和鼓励。因为教师相信，每个学生都有成长的潜力，只要给予适当的引导和关怀，都将战胜困难，取得成功。

当然，通过耐心的陪伴，教师也改变着学生。给予学生信心和勇气，教会学生如何正确面对挑战、如何处理人际关系、如何树立正确的人生目标。教师用自己的言行影响和启发学生，让他们成为有责任感、有担当的人，也让他们敢于追求梦想，勇往直前。陪伴虽然是短暂的，但却是影响一生的，让学生在未来的道路上披荆斩棘。

"门巴族的女儿"格桑德吉是西藏自治区墨脱县帮辛乡的一名小学老师。12年来，格桑德吉老师在极危险的道路上频繁往返，为了孩子们不停课，将从解决工作中的实际问题出发立足点新、切入口小做起，邀请孩子们参与，开展主题的节日活动、评比活动，加强班级主题墙、节日墙、区角创设，让热爱学习成为教学原动力。

在格桑德吉老师怀孕 6 个月的时候，由于其他学校严重缺少教师，她不顾 6 个月身孕毅然上路给孩子们传授知识。每年道路艰险、大雪封山时，作为校长的格桑德吉跟男教师一样，过冰河、溜铁索、走悬崖峭壁，只为把学生们平安送回家。正是因为有了格桑吉德老师的这份陪伴和奉献，门巴族孩子从最初失学率30%，变成今天入学率95%。村民们都亲切地称她为门巴族的"护梦人"。

育人为尚，十里书香。教师以无私奉献、释放潜能和耐心陪伴，塑造教育的力量。让教育不仅成为知识的传递，更让关注和呵护伴随学生成长，用心灵的触碰点燃学生的激情，激发潜能，引导成长。

二、恪守底线，教育的尊严

种得桃李满天下，心唯大我育青禾。教育是一项光荣而崇高的事业，教师必须恪守底线，坚守教育尊严，在忠诚正直、尊重学生、淡泊名利中，彰显教师风采。

1. 忠诚正直，师道底线不移

作为教师，我们以忠诚和正直为准则，始终坚守师道底线。忠诚不仅是对教育事业的忠诚，更是对学生的忠诚。我们忠于教育事业的初心，不忘初衷，不为外界的干扰所动。我们忠于学生，真心关心他们的成长和发展，为他们提供最好的教育资源和指导。同时，正直是教师最基本的道德底线，我们坚守诚实、正义和道义，以身作则，做学生的榜样，用自己的言行教育他们正直和诚实。同时，我们抵制各种形式的舞弊行为，维护教育的公平正义。

忠诚正直的教师，不会为个人利益而向道德底线妥协。我们坚守教育的原则和职业道德，以真心实意的态度对待每一个学生，不偏袒、不偏私，公正地对待每一个学生，给予他们公平的机会和待遇。同时，我们在教育实践中，始终坚持真实和诚实，不敷衍塞责，不做虚假的表面功夫；坦诚面对自己的不足和错误，勇于承认并改正，用真实的态度和行为赢得学生和家长的信任，建立起良好的师生关系。

我们在教育中注重培养学生的道德品质和价值观。通过言传身教，引导学生树立正确的人生观、价值观和道德观。教育学生要诚实守信、正直廉洁，要尊重他人、关心社会。同时，我们以自己的言行诠释了教育的真谛，用忠诚和正直点燃了学生内心的火焰。

2. 淡泊名利，无愧于心之情

十年树木，百年树人。我们淡泊名利，不追逐虚荣和物质的诱惑，专注于教育事业本身的价值和意义，以学生成长为最大的成就，以他们的进步和成功为最大的荣耀。当然，淡泊名利并不意味着对待工作不认真负责，相反，我们用心投入教育工作中，追求卓越的教学质量和学生的综合素养提升，不断学习和进步，提高自己的教育教学水平，为学生的未来发展奠定坚实的基础。

淡泊名利是有情怀的教师的内心追求和境界，不追逐虚荣和功利，不以物质财富和地位来衡量自己的价值，明白教育事业的真正意义在于学生的全面发展和人格塑造，从教育事业中获得喜悦和满足，为学生的成功感到骄傲，为能够对学生的人生产生积极影响而感到自豪。

淡泊名利的教师以学生成长为最大的成就。我们将学生的发展放在教育工作的核心位置，用心倾听学生的需求，关注学生的成长，不追求外在的荣耀和回报，而是专注于提供高质量的教育教学，培养学生的创造力、批判性思维和解决问题的能力。同时，我们用内心的满足和成就感来衡量自己的成功，追求的是对教育事业的贡献和影响力，以学生的进步和成长为最大的荣耀，无愧于自己的内心，为学生点亮前行的道路，为社会带来希望和未来。

"布衣院士"卢永根，勒紧腰包，将10多个存折的存款转入华南农业大学的账户，卢永根夫妇一共捐出880余万元，看似很多，但那是夫妇二人毕生的积蓄。虽有不舍，但他们毅然捐赠，并且学校用这笔款项设立了教育基金，用于奖励贫困学生与优秀青年教师。

面对教师和学生的感谢，卢永根谦逊地说道："党培养了我，将个人财产还给国家，是做最后的贡献。"卢永根的秘书赵杏娟说："钱都是老两口一点一点省下来的，对扶贫和教育，两位老人却格外慷慨，每年都要捐钱。"正是这份坚持与热爱，让教育有了更加深刻的意义。

3. 尊重学生，关怀体贴之心

尊重学生是教师的重要品质。教师尊重学生的个性和差异，理解他们的需求和困惑，给予他们充分的关注和关怀，倾听他们的心声，理解他们的困难，赢得学生的信任。因为教师深知，关怀体贴是教师与学生之间最珍贵的情感纽带。我们用心体会学生的情感和需求，用真诚的关怀温暖他们的心灵，关注他们的成长和发展，关心他们的家庭和生活，为学生提供心理上的支持和鼓励。

教师尊重学生的独特性和多样性。理解每个学生都是独一无二的个体，拥有自己的兴趣、优点和挑战，不将学生一概而论，而是以开放的心态接纳和尊重每个学生的差异，鼓励学生发挥自己的特长和潜力，给予他们充分的自由和空间，让他们展现自己独特的风采。同时，教师不仅关注学生的学业成绩，更注重学生的心理健康和情感发展，让学生敢于表达自己的情感和想法，成为学生可依靠的倾诉对象。

尊重学生和关怀体贴之心不仅是教师的责任，更是一种人文关怀的表达。我们关心学生的生活和家庭情况，了解他们的兴趣和爱好，尽力满足他们的需求，为他们提供适应性强的教学和学习环境，用自己的行动和关怀，点燃学生内心的希望和梦想，引导他们走向美好的未来。

三、师德为尚，教育的底色

蜡烛燃烧，师德铸魂。教师以师德为尚，将其视为教育事业的底色。在教学管理中，始终诚信为本、对标榜样力量，保持初心热爱，让教育底色熠熠生辉。

1. 诚信为本，师道根基深厚

诚信是教师的根本品质，也是师道的根基。诚信不仅是对他人的承诺，更是对自己的坚守。教师以诚信为本，言行一致，言必信、行必果，用自己的诚信赢得学生和家长的信任和尊重。同时，我们行动端正，勇于面对挑战和困难，坚守底线、以身作则，做学生的榜样，用真诚的心与学生交流，坦诚地面对学生的困惑，用自己的言行践行着诚信的价值。

诚信为本的教师不以权力和地位谋取私利，清正廉洁，不利用职务之便谋取个人利益。坚守底线，不为个人利益而违背原则和伦理，以公正和公平的态度对待学生，给予每个学生平等的机会和待遇。同时，诚信为本的教师具有高尚的师道情怀，以学生的成长和发展为己任，用自己的诚信和奉献，引导学生成为有道德、有担当的人才，用自己的言行诠释师道的深厚，用自己的行动践行教育的使命。

2. 榜样力量，道德引领之光

作为教师，我们的言行举止对学生有着深远的影响。我们以身作则，成为学生的榜样，用我们的行为和品质引领学生走向正确的道路，注重自身修养，不断提升自己的素质和能力，以更好地助力学生的成长和发展。

榜样的力量是无穷的。榜样力量不仅体现在课堂上，更体现在日常生活中。我们注重自己的言行举止，注重细节，注重与学生的交流和互动，用真诚和善意的态度对待学生，给予他们关怀和帮助，让他们在我们的榜样力量下茁壮成长。同时，榜样力量的关键在于道德引领之光。作为教师，我们以高尚的道德品质和行为准则来引导学生树立正确的人生观、价值观和行为准则。

榜样力量的影响是深远而持久的。当学生看到我们以身作则、坚守道德底线时，他们会受到启发和感染，也会受到教育的影响。他们会学习我们的品德和行为，将其融入自己的生活中。他们会在我们的榜样力量下形成正确的行为习惯和价值观念。

当然，榜样力量和道德引领之光也是教育事业中不可或缺的一部分。教师用自己的言行和品质引领学生，让他们在正确的道路上成长，用高尚的道德品质和行为准则塑造学生的品格，让他们成为有道德、有担当的人才。榜样力量和道德引领之光更是教育事业中的一盏明灯，照亮学生前行的道路，为他们指引正确的方向。榜样力量的影响是深远而持久的，它将在学生的心中激发出对道德的尊重和追求，让他们成为有品德、有担当的人才。

3. 热爱教育，平等待人之心

热爱教育是有情怀的教师的初心。我们对教育事业充满热情和激情，用心投入教学中，尊重他们的个性和需求，给予他们平等的对待和机会，以平等的态度对待每一个学生，不偏袒、不歧视，让每个学生都能得到公正的对待。当然，热爱教育也意味着不断学习和进步。我们保持学习的态度，不断提升自己的专业知识和教学能力，关注教育领域的最新发展和研究成果，不断反思和改进自己的教学方法和策略，为学生提供更好的教育体验。

热爱教育的教师拥有一颗平等待人之心，将每个学生都看作独特而平等的个体，不论学生的背景、能力或特点，都给予他们同等的关注和尊重。不偏袒任何学生，不歧视任何学生，而是以公正和平等的态度对待每一个学生。同时，平等待人之心体现在教师对学生的关怀和支持上。关注学生的身心健康，倾听他们的需求和困扰，给予他们关怀和支持，鼓励学生发挥自己的特长，为他们提供平等的机会和资源，让每个学生都能充分发展和实现自己的梦想。

季羡林先生长年任教北京大学，在文学方面有很深的造诣，其著作汇编成24卷《季羡林文集》，让无数读者慕名品读。当问及其中缘由时，季羡林先生只是说"因为热爱"。是啊，热爱是初心，热爱是情怀，热爱是坚守！

作为有情怀的教师，我们要勇于奉献、恪守底线、以师德为尚，秉持热爱教育和平等待人的品质和态度，用真诚和善意的心去教育学生，引导学生成为有品德和责任感的人才，为社会的发展贡献力量。

主题 3

有始有终，勇于直面困难

大鹏持搏击长空的勇气，持永不放弃的毅力，方可借助风力扶摇直上；登峰者唯坚定目标，一步步向上攀行，才能登上顶峰领略一览众山小的壮美。教育者则当如农夫不畏严寒酷暑坚守一方，如春雨慷慨无私滋养万物。教育者把教育人生演绎于广袤苍穹，其间，有欢笑必有愁苦，有成功也必有失败。正如世事有好必有坏，有美必有丑，有阳光必有乌云、有晴天必有风雨一样。然而，挣脱乌云的束缚，阳光必更加灿烂，经历过风雨的天空也才能绽放美丽的彩虹。故而，一个有情怀的教育者，定能经受住各种考验，以坚定不移的工作态度直面各种困难，勇于革新，奋力前行。

一、忍辱负重，倾听内心之音

心之所向，行之所往。踏上教育这条路是教师的选择，或喜欢这块圣洁之地，或将实现个人的价值创造一个美好的未来。不论憧憬如何，行径中总有各种荆棘和挫折。学生的不认同、社会的不理解、家人的不支持等源于多方的压力，有时让人喘不过气来。但妥协者乃懦夫是也，抬起头，仰望蓝天，听听内心的声音，遵从自己的想法，自信地、勇敢地去面对挑战，负重前行，方得始终。

1. 迷离惝恍之际"坚守初心"

世人走得越远，眼前的浮云越浓郁，看不清轮廓，甚至辨不明方向。教学过程中，教师既是知识的传授者，也是教学活动的组织者，又是学生身心健康发展的引导者。教师在多种角色的徘徊和演绎中不免有些迷茫。作为新教师，一下子经历烦琐的工作，有时难以招架；教龄稍长的教师面临职称评定问题，严苛的要求令人生畏；班主任整天与一群熊孩子斗智斗勇，还得解答家长的各种疑难；管理层的任何决策需不负学生、不负教师、不负社会的需求。难题接踵而至，迷茫与踌躇也总相伴左右。前路茫茫之际，不如回首一望。

曾听一位家长说："教师怎么可以错，身为学生的引路人，绝对不能错！"尽管随着素质教育的普及，社会对教师提出了更高的要求，但"绝对"一词怎可用于教师身上？教师不是神，做不到事事完美。感叹于自己未能成为他人眼中的能人之时，回首初心，看看曾经那个满腔热忱立下誓言的自己，看看那个曾经微笑着规划美好未来的自己。做不到完美却可以接近完美，做不到事事顺心却可以争取顺心。保持清晰的头脑，上好每一节文化课，落实好禁毒、消防、反诈等社会生活技能，组织开展好学校的各种节日活动等，"当一名好教师，教育好眼前的学生"。于忙忙碌碌中，坚守住这份初心，方能拨开迷雾，砥砺前行。

2. 取舍两难之地"坚持信念"

有人说："当你站在人生的抉择路上时，无论选哪一条路你都会后悔，因为你不可能再去选另一条路。"可即使难以抉择，教师也不可能原地踏步、碌碌无为。有选择才能继续前行，教育之路等待着教师做一次次无法重复的选择，是或不是，可或不可，稍有不慎便错失良机，迷失了自我，阻碍了学生的发展，或破坏了教育教学的进程。"鱼与熊掌不可兼得"的道理谁都懂，有取舍有得失，要相信自己可以战胜一切困难和挫折，坚持自己的信念，勇敢、果断地做出判断。

那么，当上岗受阻，是该选择放弃还是坚持；当有更优厚的待遇时，是该选择跳槽还是继续留任打拼；当两位爱徒参加同一个比赛请求你的帮助，是选择都帮还是都不帮……放大格局，让信念支持自己、指引自己，做自己该做的，选自己该选的，坚定不移地走下去。

感动中国教师人物朱敏才、孙丽娜这对夕阳夫妇就是个很好的例子。他们原本可以在北京安享晚年，过上平静的生活，但他们放弃了优越的生活条件，来到了贵州偏远山区义务支教。可条件的艰苦完全超乎了他们的预料，环境的恶劣，身体的疾病，一个个困难像恶魔一般席卷而来。是该返回大城市，还是继续留任？这对老夫妇毫不犹豫地选择了后者，他们始终坚持着自己的理想与信念。为省钱给孩子们购买教学器材和学习用品，他们携手行了上万千米，支教5所乡村小学……孩子们的面貌一新带给他们莫大的满足感。在人生路上，他们选择了一条属于自己的路。

坚守信念，摘下一个个属于自己的果实，走上属于自己的人生路，执着而果敢，让平平淡淡变得充实美好，让碌碌无为变得精彩纷呈。

3. 尝试失败之时"坚定使命"

"失败乃成功之母"，大人、小孩都会以此勉励自己和他人。失败逆转为成功少不了不懈奋斗与睿智的头脑，也少不了心中的那份责任与使命。

"举旗帜、聚民心、育新人、兴文化、展形象"，新时代赋予教师新的使命。牢记自身的责任与使命，无愧于教师的称号。微笑着面对失败，想方设法地解决难题，与学生为友，与同事为伴，让家长信服，让社会认同。努力地从失败中汲取智慧和力量，走出阴影，守望期盼，把"失败"当作成长路上的基石，把荆棘当作铺满鲜花的原野，积极完成使命。坚定执着，迎难而上，方可谓强者。

二、主动出击，探寻有效之法

"教有法而无定法"，教育提倡因材施教，遇到问题对症下药。若碰上棘手之事便听之任之或绕道而行，那教师的尊严何在，教师的魄力何在，教师的智慧何在？为人师者，解人惑、解己惑，不屑于寻求有效之法者有违师道。

1. 敢于发现问题之源

"治病先治心，治乱先治政"。要解决问题先得找到问题的真正根源。就像一棵树，不论怎么枝繁叶茂，若根部开始溃烂，营养难以吸收，你再怎么浇水、施肥，一切皆是徒劳。唯有解决根部问题，才可真正呵护树木茁壮成长。

教育教学中，教师经常碰到学生不爱做家庭作业的情况，造成学生、教师和家长三者之间的不和谐。有一位教师出于责任心利用自己空余的时间给学生补前一天的家庭作业，却遭到了孩子爸爸的反对，教师心里很是憋屈。后来经过多方了解，才知这位爸爸是个非常固执的人，他有从小被家长严管的阴影，他不想让自己的孩子走这条路，他想通过自己的方式让孩子可以自我监督，从而养成自主学习的习惯。发现问题的症结后，该教师也意识到自己的一意孤行必将加剧与家长间的矛盾。于是，教师以其智慧的头脑改变了策略，他一方面肯定了家长的做法，通过及时发现作业中的闪光点来提升孩子写作业的兴趣；另一方面也跟家长一起探讨和尝试各种激发孩子主动性的方法。渐渐地，这位学生真的改掉了不写作业的问题。

试想，该教师如果没能从问题的根源上着手，而是一味地纠结在事情的表面，那么心中的疑惑将难以按常理来解答，教师也就不知该从何种角度与这位家长交涉了。在教育孩子方面，教师与家长的目标是一致的，只有双方同心同力，共同探讨解决的策略，才是对孩子有百利而无一害的做法。

"不识庐山真面目，只缘身在此山中"。教育教学中，许多问题的根源往往不在问题本身，教师要敢于面对，勇于从根源寻找答案，拨得云开见月明，一剑击中要害方能收服人心。

2. 善于寻找解决之路

教师是"睿智"的代名词，世人眼中，教师学富五车，满腹经纶，是知识的传播者，是智慧的化身，遇事不逃避，负重奋前行。教师既要做实实在在的"老黄牛"，也要做机智处事的聪明人。遇到问题，寻找解决之道，善于巧妙应对，坚持正义立场，学会自我保护。一路走来，有太多太多的困扰和难题，利用敏锐的观察力、清晰的思辨力，深入研究实际问题，找到问题解决之道，进而把握事情发展的规律性和倾向性，做出准确的判断和决策。

理论知识匮乏，便搜罗最新的教育教学知识；学生不服管教，便走进学生生活，以"心"暖"心"，提升他的自我认知；家长不理解，有怨言，便从事情利弊着手，让事实成为有力的证明；组织活动受阻，便展开调查，尽量以最优的方案弥补最大的损失……

就拿学生间的打架事件来说，各校或多或少存在类似现象，轻则分分钟平息，重则身心受创，甚至诱发几家人的矛盾。在一次科学课上，两位男同学因为一些口角而发生了肢体冲突，对于这件事，班主任只跟双方家长进行了简单的交流，结果等学生回家后，双方家长矛盾激化，导致报警要求提供监控。于是校德育负责人和年级中的老教师协同该班主任处理此事。第一步：肯定学生的优点，安抚家长的情绪；第二步：让当事人还原事件的整个过程；第三步：不做任何评论，倾听家长的诉求，弄清家长纠结的到底是什么问题；第四步：针对家长的诉求做出合理的解释并提出建议。最终，事情得以圆满解决。

万变不离其宗，世上没有过不去的坎，任何困难在积极、平和的心态中都能找到最佳解决方案。诸多困难和挫折不正是教育教学中不可或缺的考验和经历吗？善于发现问题，善于探寻问题的解决之路，这是新时代教师理应具备的能力。

3. 勇于验证实践之效

"实践是检验真理的唯一标准"，事实摆在眼前才能让人无言以对。遇到了问题，拿出你的方法、你的策略，用事实来说话。空有满腹经纶，却不付诸实践，那么一切皆是虚幻。不要怕结果的对错，勇敢地去做，验证确有成效，说明方法可行；若结果相反，恰是自我调整和改进的契机。

教育的对象是一群可爱的生命体，一群具有独立思维的个体，生命灵动而富有活力，教师自认为可以的措施，在实践中可能引发新的问题。曾经一位教师为了让某个学生喜欢自己，便投之以桃，赠予学生最喜欢的 TFBOY 写真集，谁知他在班中炫耀引得其他学生羡慕，责怪老师偏心。难道因为尝试会出现难以预料的新问题就不去尝试、不去验证方法的可行性了吗？诱发新问题说明教师考虑不周，该教师只想着博得这位学生的喜爱，却忽视了班里其他学生的想法。实践结果的不如意正是告诫该教师应从大局着眼思考应对个别学生的方法。教师们不正是在一次次的实践验证的过程中积累教育教学经验的吗？

自成为一名教师起，每位有情怀的人已然做好了献身教育的准备，随着一届届学生的更替、一批批教师的涌入，教师的每一次尝试都是一种收获。困难解决了，喜笑颜开。困难依旧甚至转换成另一个问题，便继续钻研，探究解决。勇于实践、勇于探索，从中发现真理，才能找到更有效的解决措施。

三、乘风破浪，施展卓越之才

乘风破浪扬帆起，行稳致远勇担当。教师深扎为民之锚，勇破风浪誓前行，履职履责尽人意，恪尽职守施才华。新的时代充满机遇，也满是挑战，一个个难题等着教师去解答，一处处困境等着教师去冲破，这是时代赋予教师的使命和职责。无论身居何位，始终追求着更好的教学方式和更丰富的个人经验，以待适当之时，化困解忧。

1. 以"梦"为"马"大胆表达见解

"以梦为马，不负韶华"，这是当代诗人海子的名句。在海子眼中，"马"乃强健而美好的化身，是希望的载体，承载着内心的理念和梦想。将梦想作为自己前进的方向和动力，不畏前路茫茫，坚信自己的理念，发表自己的见解，不被顾虑埋没了自己的才华。

曾经，每位教师都怀揣着自己的梦想踏上了三尺讲台，也曾信誓旦旦地承诺将于教育教学中发光发热。身为教师，不仅要为前路迷茫的学生指引方向，为教育受挫的家长抚平心绪，也要为学校的发展和规划献计献策。

一次做化学题，很多学生不会像对待语文阅读题一样逐字逐句理解含义，习惯改变很难，可教师还是鼓励学生从不同角度思考概念和定律；年级组的"六一"活动方案被领导驳回，于是教师带着学生的调查信息，逐一解释了每条方案的设定依据，该教师觉得孩子的节日就应该问问孩子的想法，综合多方数据，方案才得到认可。

其实，不论是教师还是学生，都浸润着梦想、沐浴着青春。"路漫漫其修远兮"，教育者于行进中驾驭自己的梦想，大胆地表达见解，为自己解忧、为他人解困。尽管这个力量有时不够强大，不足以解决问题，但至少贡献了自己的绵薄之力。

2. 以"口"为"盾"积极化解难题

古人有云：三寸不烂之舌，可胜于百万雄师。教师虽非将相人士，但沟通能力是教师的一种基本功。良好的沟通如一座坚固的桥梁，让学生更亲近教师，让家长更喜欢教师，也让同事和校领导更佩服教师。在教育教学中碰到各种各样的问题时，良好的沟通就显得尤为重要。

新教师发现问题时之所以总会找老教师出面援助，并不是因为老教师的理念有多么新，而是因为他们有处理问题的经验，他们知道什么该说，什么不该说，能将脑海中的道理非常有条理地表达出来，能用自己的一张嘴化干戈为玉帛、解戾气为祥和。

有位年级主任就非常善于沟通。一天，组内的一位教师抱怨家长不懂得陪伴孩子，双方似有争执的苗头，此时年级主任立马上前："××同学的妈妈是吗？听班主任说，您孩子真的很聪明，早上一口气做对了3页数学题呢！"这位家长瞬间就与年级主任闲聊上了。你一言我一语的，虽非自己孩子的老师，但家长与这位年级主任恍若久别的朋友一般。待时机成熟，只听年级主任补充一句："要是您能多花点时间陪陪他，那可就不得了呢！"结果可想而知，年级主任轻轻松松化解了尴尬。

"口"就是一把利剑，可刺中他人要害；也如一面盾牌，能抵挡外界的压力随时保护自己。教师热忱满满，但学生的一句话、家长的一个举动、学校的一个决策将随时化作一盆冰冷的水迎面而来。说话，是一门艺术，可稳定心态、坚定立场，以口为盾，即可展示才华，亦能化解难题。

3. 以"笔"为"器"踊跃抒写情怀

鲁迅以笔代伐，拯救人民的思想，战斗了一生。教师同样可以以"笔"为"器"抒写情怀，以净化心灵，引起共鸣。教师手上的"笔"如春风，播种知识的种子；如曲谱，编写美好的瞬间；如灯塔，照亮前方的路途。拿起笔，挥洒智慧和激情。

习作教学，一一面批与交流对多数教师来说是件耗时又低效的事，但教师可以在一篇篇文章上写下自己对学生的肯定，可以针对一个个问题提出修改的建议。行为指导中，当口头未能清晰表达或尚不能走进学生内心时，教师可以借助"笔"记录心中的想法，因为看比听更能引起共鸣，更能走进人心。当想法未被采纳时，教师也可以用笔写下谏言，因为笔能代表你的真诚。

"笔"是一种神奇的产物，虽没有"嘴"却抵千言万语，虽不会"走"却绘大千世界，虽没有"脑"却流泻无穷的智慧。教师当善用这支"笔"，与学生交心寄情，寓真知灼见于朴实无华的语言中，如品芳茗、饮甘泉，抒以情怀，直击人心。

主题 4

脚踏实地，享受教育幸福

教育家雅斯贝尔斯曾说："真正的教育是用一棵树摇动另一棵树，用一朵云推动另一朵云，用一个灵魂去唤醒另一个灵魂。"这样的教育没有捷径，不会立竿见影，不会一蹴而就，唯有用心地坚守教育初心，以任劳任怨的态度一步一个脚印地传递真、善、美，以坦荡的胸怀拥抱生活。尽管这一过程充满了琐碎，甚至坎坷，但对于教育者而言却饱含了浓浓的幸福。这份幸福与贫富无关，与名利无关，那是一种由衷的满足感，一种因付出而获得的怡然自得、心旷神怡。

一、教育教学，了然于胸

教育教学是具有教育专业性和学科专业性的工作，作为教育教学的具体实施主体，教师在指导学生能动地认识世界的过程中，需要有极强的预见力和实践能力，做到"了然于胸"才可得以"灵活驾驭"。如此，行走在教育的路上，如"行到水穷处，坐看云起时"，心中的幸福感便油然而生。

1. 细心准备，让教育教学有预设

《礼记·中庸》中记载："凡事预则立，不预则废。"将士不打无准备之仗，教育者也不做无准备的工作。无论是上课还是班级管理，抑或是领导干部组织的活动，细心准备，则有的放矢。教师有条不紊地投入教学，全力以赴，全情而为，体会着自我价值的实现，这样的工作过程就是一种享受。

"备课时定要把教案写具体，包括每个环节的过渡，每个目标的达成，每位学生可能的回答，等等。"类似这样的谏言相信每位新教师都有耳闻，但这些看似死板的做法却是许多老教师的经验之谈。多写、多想、多预设，心中已有谱还怕成不了曲吗？

做有教育情怀的教师

"工欲善其事，必先利其器"。教育教学是伟大而神圣的工作，教育者不可随心所欲，课前，需细心备课；与学生交流，需全面了解客观信息；开展各项活动，需精心策划活动方案。如同影视拍摄离不开脚本的撰写和道具的辅助，有了基本条件的支撑，才有游刃有余施展才能的空间。有准备，亦有底气，认真、细心地对待任何前期工作，是对工作的热情，是心中的美好诉求，也是成功的对照和依据。静静地享受向着目标前行的愉悦，这份体验只属于有准备的人。

2. 认真指引，让教育教学有规范

教育要有一定的战略眼光，要着眼于孩子的终身成长。但朝着美好的愿景进发时，总会遇到太多的意外和不确定性，稍有不慎即可引发新的问题。写好每一个字，处理好与他人的关系，调整好自己的情绪，善待每一次美好的遇见。大事、小事、平常事，事事有规范。在细小的事情中，让孩子们知道规则，懂得责任与担当，从中获取知识，学会友爱与包容，这便可让教育者欣慰与自豪。一个真正的教育者，所有的付出和努力只为孩子成长中的每个点滴，感动于生命中的每处细节。

记得那是一位年轻的中学班主任，虽为男教师却有着女教师的那份细腻与温柔。他喜欢和学生谈心、聊八卦，从中发现端倪，所谓"知己知彼百战不殆"。学生早恋时，他一次次地私聊，像朋友一样慢慢疏导。学生发脾气时，他便公正地分析问题，逐步引导学生自己意识到对错。他总是说："学生具有独立的思维能力，他们渴望被尊重和认可，只要方法恰当总能将他们引到正确的道路上！"于是，全面了解信息，尊重学生、投其所好，成了他惯用的方法。他也因此成为家长和学生眼中的好教师。

端正教学态度，严肃认真地对待教学，激发学生的求知欲，肯定学生的优点，指引学生规范地学习、规范地生活，皆为教育者的分内之事。学习有效的教学方法和思路，将学校的各种规章落实于日常点滴，努力拉近与学生的距离，关注青春期孩子的情绪波动，引导学生调整自我，自觉遵守规范……踏实从教，认真付出，成为学生成长路上的"明灯"，照亮他们前行的道路。感受着生命的成

长，教师内心也充满了火热。认真付出终结良果，喜悦与感动悄然而至。

3. 凝心聚力，让教育教学有智慧

岁序更替，华章日新。在这个迅速发展、创意层出的时代，一个人的智慧不再是最闪耀的，教育者也不再是最权威的，灵感与成功离不开放低姿态广纳谏言，离不开潜心思考，积极取精华去糟粕。凝人心聚人力，大家的思路、想法凝聚在一起，碰撞之中才能擦出智慧之花。善于聆听、善于分辨、善于思考，以自身的知识储备辨真伪、汇良策，促进教育发展，激发个人成长。

教师想学生之所想，做学生之想做，教育从学生中来到学生中去，这样以学生为基点和目的的教育谓之有效教育。所以，教育教学不可脱离学生空想，或单凭经验猜测，有时不妨听听学生的想法，和学生聊聊他们的思考。学生成绩差，教师一般竭尽全力辅导，甚至牺牲自己的休息时间，可用心的付出，难免得不到学生及家长的认同和肯定。何不集班干部的力量，争得他们的办法？何不集班级其他同学的力量，让学生参与出谋划策？如此，大伙儿也把自己当成班级的一员，自然升起助人之责，学生的思维，学生间的交流很多时候都不是大人们所能替代的。班级活动、行为教育、学习辅导，于教育教学中，集学生之力，汇学生之思，乃教师智慧之源。如此，学生认同，教师轻松，岂不乐哉？

当然，聚合力必有糟粕之见，为人师者，既要尊重他人，也得有自己的想法，不可一味听从或从众。以俯身倾听的和善亲近人，以认真思考的精神感染人，以善于运用的智慧影响人，用心汲取众人之力，扎扎实实地搞好教育，享受教育过程中的一次次惊喜和突破。经历让自己成长，这是任何物质都无法换取的成就感与自豪感。

二、任务实施，表里如一

教育无小事，有责任感的教师都在竭力做好每一件事，或主动承担或被动接受。对任务实施，定当费心尽力，不论结果如何，做到尊重人性、严谨治学，不浮夸、不炫耀、不得过且过。对比空有一身才气却只自得其乐者，那些表里如一、执行力强的教师更受人敬仰。不以己长望人，既接受任务，便踏实、从容而

为之，言行一致，令人心悦诚服。

1. 短期目标操刀必割

"当日事当日毕"的道理，每个教师都心知肚明，许多还以此作为规范学生的准则，那么为人师者当身先士卒，不然，何谈为人师表？一课时能完成的任务不拖到第二节课，一天能做好的事不拖到第二天。及时完成、及时反馈，做到准时高效，保质保量。当天解决同学间的矛盾是常事，几天内完成一堂公开课的设计也是常事，今天辅导作文撰写，明天提交游园方案……教育教学中，教师会不断地接受任务，也在不断地制定目标。如此，唯有持"操刀必割"的态度，才能完成当下的任务，不致事事叠加、手忙脚乱。

每达成一个目标，预示离成功又进一步，一次次的释怀和自信能激发人的潜能与斗志。教学跟不上，便早早到校，投入学习；学生的批改完不成，便自觉留下办公。如磨刀需速度和力量配合得当方能成为利刃，有能者利索处事，欠缺者则能借"勤"补拙。做到及时地完成每一个短期目标，坚持个人的处事态度，形成自己的工作作风。"优秀"便是对教师实现一个个短期目标后的评价，他人的肯定，自我实现和自我提升的过程，都是内心真切的体验和感受。

2. 长期目标躬行实践

长期目标是对自己长时间的规划或愿景，是自己努力的依据和存在的意义。设定长期目标有助于评价工作的实施进展和成果，也让教师明确了这一学期、这一年，乃至整个教学生涯该干些什么。这是一份坚持，一种信念。为此，每个学校都鼓励教师根据自身的能力和梦想制定三年五年的规划。于是乎，教师积极将心中的那份热情一一记录，有的甚至细化到每个月要达成哪些短期目标。试问，当时满腔热忱又有多少未被时间消磨？一周、一个月或者一学期后，教师是否还记得当初写了些什么，又是否已然将到期的目标实现？说到得做到，做不到也试着去做到。躬行实践，向着目标一步步前行，不偏离、不放弃，体验过程中的美好，感知努力的价值。

曾几何时，一位数学教师以其三十年如一日的工作态度诠释着自己的诺言：

"我要对得起所教的学生，要用良好的教学方法提升他们对数学的热情！"她是这样说的，也是这样做的。每天起早贪黑，因材施教，积极改革。就这样，日复一日，年复一年，直至退休依然保持初心，而所教班级学生的数学成绩年年名列前茅。她说："我累，但我快乐。"这是一位优秀教师的心声。

为着自己的目标兢兢业业、一心从教，这样的身影存在于每个教师的身边，也许你自己就是这样的人。尽管目标的达成过程充满了艰辛，但正因"知之""好之"，教师才能如此"爱之"，挥洒热情让生活充实而有意义，在执着和坚持中体悟到教育的魅力。望着一棵棵树苗在自己的浇灌中向阳生长，枝繁叶茂，是多么快乐、多么幸福！

3. 多重任务协调兼顾

新时代赋予教师新的职责与担当，教师的任务不只是上好一堂课，还要关注学生的智力、体力、心理等多方面的发展，要重视自我成长，并迎合学校及上级的各项工作，即使是普通的一线教师有时也觉得千头万绪、无从下手，更何况身兼数职的骨干。多项任务并存，是挑自己喜欢的做，还是做一件算一件？

有责任心的教师必支上一着儿：用好备忘录，哪怕是一本最简单的便签。顺手记一记，按时间节点归类，标注好主次。当你非常明确哪些任务是重点，哪些需要先做时，剩下的唯有一个"勤"字了。这是"过来人"的经验之谈，其实也未尝不是一种好方法。人的精力是有限的，教师也并非神人，"协调兼顾"不是眉毛胡子一把抓，需不急不躁，静心罗列，根据任务的轻重缓急确定优先顺序，再一一攻破。"协调兼顾"也非全盘接受或一成不变，操作过程中发现既定目标超出能力范围或确实无法完成，则可再次将目标进行规划，甚至把一小部分划分给团队内的其他教师协助完成。

身兼数职或多重任务并存，正需要教师保持这种踏实的作风。而有的人整日叫苦连天，牢骚不断，势必心浮气躁，心乱则愚起，心静则智生。从容、淡定，远离浮躁，远离功利，既然已经接受，便依照自身的计划逐一去完成。尽管耗时较长，尽管劳心劳力，但既已认定教师这个职业，必已做好尽情燃烧的准备，勿让时间白白耗掉。赢得认同、赢得掌声，周围必芬芳馥郁。

三、创新践行，守正务实

"创新"一词已非教育界的新词语，却依然人人推崇。那么什么是创新？"创新"是将创意付诸行动予以实现的成果。其前提条件是为现实服务并得以实现，故任何没有真正付诸实践的，只流于形式的没有发展的创意都是虚幻的，不值得挂在嘴上，并为之沾沾自喜。"新"与"实"并不矛盾，相反，两者相辅相成。创新落到实处，可为学校带来新的教学理念和方法，提高学生的学习效果和成绩，增强信心和创造力。

1. 以认知水平为基点

任何一项作用于学生或教师的新事物，一旦远离了师生的认知水平都将成为摆设或者说是时间的过客。建立一种有效机制，可以激发和释放每一个人的潜能。根据维果茨基的"最近发展区"理论，创新实践应让师生都能"跳一跳摘到桃子"，这种能促进师生进步的创新思维才是具有教育意义的。学校营造浓浓的创新氛围，教师接受，学生愿学，其乐融融。

随着年龄的增长，学生的认知水平当然随之变化，细心的教师通过观察学生的作业答题情况、交流时的语言表达能力等可综合判定学生的认知程度。与学生接触少的，便利用调查问卷，询问任课教师或班主任获取一手资料，全面了解学生。基于学生认知，有针对性地创新实践，活跃学生的思维，激发学生的兴趣。而放眼各地，许多学校轰轰烈烈地开展各种活动，表面光鲜亮丽，形式新颖，学生却嘻哈纯乐，反给家长们带来了巨大的压力，只观学生收果实，采摘过程代劳之，这种只追求"新"而忽视学生接受能力的创新为世人唾弃。

以师生的认知水平为基点，设计活泼有趣的课堂，开拓"人无我有，人有我优"的活动资源，让潜能显现，使智慧绽放。精神世界的丰盈中，教师这份职业变得活力四射，妙趣横生。

2. 以切实发展为导向

教育着眼于学生终身的幸福，教给学生终身受益的知识和技能，使其能在未来的生活中汲取力量。学生的发展是教育的最终目的，"创新"不是做给别人看的，也不是为了自我炫耀，而是切切实实对学生有利、为学生服务。

记得那是母亲节前夕的一次劳动课上，教师突发奇想，将课中的立体贺卡制作与母亲节结合起来，指引学生将小制作作为礼物赠予自己的妈妈。那么接下来怎样操作呢？各种摆拍、发圈、点赞？聪明的教师抓住了这次机会，课上学习制作方法，课下让学生自己观察、搜集信息，以竞赛的方式鼓励学生制作出最合妈妈心意的贺卡。当问及这么做的原因时，教师的回答是："我不仅要让学生学会贺卡的制作方法，还要让他们学会在现实生活中如何应用。"

教育教学之路时时处处充满了创造的契机，心中有生、眼中有光，竭尽全力吸引学生注意，以创意的头脑引导学生不断进步和发展。创造之中，教师自身也收获了一种成功的体验和愉悦，感受到为人师的尊严。

3. 以稳步推进为举措

台上的辉煌一刻需要台下的长期磨炼；一举成名需要平时丰富的经验累积。"跑"之前得学会"走"，"走"之前得学会"爬"，这似乎是亘古不变的真理。教育亦然，教育的体系、结构、观念、方法、手段等，任何一项的推陈出新都要稳扎稳打，一步一步地推进，在尝试中思考，在思考中改进，在改进中推动发展，在发展中实现和超越自我。

学生在投入实践中慢慢接受，活动在不断调整中得以优化，教师在改革参与中形成自我认知。不管是经历中的哪个过程，一旦出错或是有所懈怠都有可能以失败而告终，所谓"急功近利不长久"。就在前不久，有学校开展了"中医文化进校园"活动，以架构具有区域特色的整合化教育资源体系，要办成并非易事。前期方案的设定、资金的落实、师资队伍的建设、后期校本教材的编写、"馆—园—廊"的创建、与校园节日的融合、校外实践基地的设立等，每块内容都涉及精准的策划以及多方的配合助力。必须潜心钻研，让每一步尽可能达到实效。步步稳、步步优，应对自如，享受一切尽在把握中的泰然和欣慰。

　　无愧于心，不止于行，以阳光般的呵护耕耘一方沃土，以积极认真的态度书写人生追求。立足于现实，活在当下，善待自己的职业，一旦登上教书育人的舞台，就死心塌地、义无反顾，默默坚守、翘首以盼，坚信"业精一分"终能"育花万千"。一支粉笔写春秋，三尺教鞭舞人生，脚踏实地，塑造学生的精神生命，升华自己的灵魂，实现人生的价值。

专题四
专业：时光不负铸匠心

　　新时代的教师，不仅要"教书"，还要"育人"；不仅要会"讲"，还要会"写"；不仅要会教学，还要会研究。教师各方面的知识、能力，新的教育改革理念、新的时代背景和政策要求、新的教学方式方法，都需要在后天的职业生涯中不断学习、吸收和应用。可以说，教师的专业成长，是贯穿职业生涯全过程的重要的事情。

每一份职业都需要匠心精神，以专注、专一的心态去面对工作，将每一个细节做到极致。在这个快速发展的时代，匠心依旧是成就卓越的关键。只有在匠心独运中，我们才能不断超越自己，突破"瓶颈"，成为行业内的佼佼者。

匠心不仅仅是一种态度，更是一种精神。它需要我们沉下心来，用心去感知、去领悟。在追求专业的过程中，我们要学会倾听内心的声音，坚定自己的信念，不畏艰难险阻，勇攀高峰。

教育是一项有情怀的事业，更是科学而专业的工作和行动。教师需要在不断学习、探索、思考的路上进行自我教育，提升专业知识，增强专业技能。而教师在自我专业成长过程中，总会遇到诸多问题和疑惑，要想实现专业成长，势必跨越这些障碍。如何跨越障碍，是每一位教育工作者都要直接面对的问题。

主题 1

虚心好学，努力提升自我

教师职业是最古老的职业之一，它几乎与人类文明同时存在，可谓源远流长。然而，在人类社会的早期，教师只是一种非专门化、经验化的职业。从非专门化、经验化到专门化的职业，经历了一个漫长的发展过程。在这个漫长的分化、发展过程中，教师职业的专业性也日益显现出来，并逐渐得到了认可。到了当代，教师专业化已经成为世界教师职业发展的共同目标。

教师的专业发展，是指教师作为专业人员，在职业道德、专业思想、专业知识、专业能力、专业品质等方面由不成熟到成熟的发展过程，即由一名专业新手成为专家型教师或教育家型教师的发展过程。取得教师资格证书并不代表已成为优秀教师，当了一辈子教师其专业性也不一定都得到了充分的发展。教师的专业发展固然与时间有关，但又不仅仅是时间的累积，更是教师专业素养的不断提高、专业理想的逐渐明晰、专业自我的逐步形成，直至成为教育世界的创造者。

一、以目标为导向，精准定位

教育应该是一项值得奉献的事业，而不是谋取功利的手段。教师的专业化之树，首先应该扎下根，方能茁壮成长。而这个根，就是教师对自己的目标定位。因此，教师成长的关键在于具有自我发展的意识，合理规划自我发展路径，主动积极地发展自身，不断完善自我。

1. 具有主动发展意识

专业自主发展是 21 世纪教师成长的必然趋势，而专业自主发展意识是教师对自身专业发展状态的现实审视及对未来专业发展愿景的监督与规划，是教师专业自主发展的主观动力、内在核心因素及关键所在。

积极的自我专业发展意识是教师专业发展的起点与重要职业品质。它关注的是："我是谁"——思考自己的性格特征与自己所扮演的角色；"我在哪里"——思考自己在教师职业生涯中所处的位置；"我将走向哪里"——明确自己想要实现的目标、今后该往哪个方向前进以及如何一步一步实现自己的目标。它把教师看成教育活动的反思者和研究者，并以终身自我教育作为职业生涯的推动力，从而使自己始终处于完善自身的持续发展状态与境界之中。

回首优秀教师的成长历程，不乏"上好每一节课""当一名优秀的老师"之类的工作目标，因为怀有这种愿景，他们有一种成为优秀教师的期盼，在教学中始终保持着激情，成为日常教学工作的原动力；因为怀有这种愿景，促使他们在教书生涯中不断学习求知、探索进取，不断追求教学的卓越与完美。

教坛新秀邓东富老师说："从高中起，我就坚定要当一名优秀的地理老师，所以填志愿时我只填了地理科学师范类专业。2015 年入职后，出于对工作的热爱，我发挥自己的优势，精心备课，争取做好每一张幻灯片，上好每一节地理课。经过一年的努力，在全市的调研考试中，我所执教的班级取得了优秀的成绩。"

高质量的教师不仅是有知识、有学问的人，而且是有道德、有理想、有专业追求的人；不仅是高起点的人，而且是终身学习、不断自我更新的人。

2. 善于自我规划管理

"凡事预则立，不预则废"。规划对人的发展和成长具有指导作用。所以，教师要实现专业发展，必须学会设计、规划自己的发展之路。"个人专业成长规划"是教师为自己专业发展设计的一个路线图，它把自己的职业生涯置于理性的思考之上，也为自己的教师专业成长提供引导和监控。只有做好自身的专业发展规划，才能从当前的教育变革中找到自己的发展方向和发展目标，从日常的教育教学问题中发现自己的缺陷与需求，才能自觉地去反思、学习、探究、创新，成为一个自我导向、自我驱动、自我调控的发展者，从而实现自我的专业成长。

教师专业发展规划是教师本人在正确认识自己的兴趣、能力等基础上对自身的发展目标以及达到目标的措施所做的整体设计。经过自我分析和环境分析之后，教师对于自己的发展旨趣、发展方向和路径有了一定的认识，个人愿景即发展目标也就基本确定。一般发展规划包括自我定位、目标（包括长期目标、中期目标、短期目标）、实施路径等。教师发展的终极目标是学生的发展，也可以说是师生的共同提升。因此，教师必须有坚定的学生立场，在教师专业发展规划中应体现出学生的"影子"，否则，教师的专业发展也就失去了本真的意义。

每一位教师在成长之初，常常会制定自己的专业发展规划，从基本情况、现状分析到发展目标、行动指南，都有明确的定位。何智渊老师是华中师范大学英语系毕业的本科生，入职第一年在学校指导下制定了教师个人五年发展规划，并参与学校"青蓝工程"。她在制定个人成长规划时，不仅有短期目标，还有中期目标、长期目标，同时主动接受高水平教师的指导，成功地让自己度过了新手教师阶段，成为青年教师中的佼佼者。

二、以阅读为内驱，提升素养

促进教师专业发展的两个动力来源，一个是教师自身内生性成长的内在动因，另一个是教师专业发展的外部动因。在内在动因中，阅读是极其重要的一环。教师的阅读是一种职业性的阅读，在教师专业发展越来越受重视的今天，增加专业阅读的含量是教师阅读的应有之义。教育部 2020 年制定的《中小学教师培训课程指导标准（专业发展）》明确指出，中小学教师要掌握专业阅读方法，根据自身专业发展需要选择阅读书籍，熟练运用读思结合、读写结合、读用结合等专业阅读方法，养成专业阅读习惯。

教师的知识结构一般由三部分组成：精深的专业知识、开阔的人文视野、深厚的教育理论功底。因此，笔者认为教师的阅读也可分为三类：圈阅专业类书籍，掌握主体性知识；浏览教育类书籍，储备条件性知识；涉猎文学类书籍，求索补充性知识。

1. 圈阅专业类书籍，掌握主体性知识

专业知识是教师从事教育教学活动所必需的知识，在教师专业素养的结构中处于核心地位，既是教师形成科学适宜教育理念的基础，也是教师完善专业能力的必要前提。

专业阅读是教师开阔自己学科视野的最重要的途径，也是教师专业发展的基本保障。因此，阅读专业学科类书籍是一线教师最常见、最实用的阅读。深入阅读学科专业著作、期刊等，事实上是教师在借助专家的思考和前人的实践，修正自己的教学行为，让学生更好地掌握知识和能力，提升教育效果，最终形成教师独特的教育风格。专业学科阅读素材包括本学科的权威期刊、教学实例、名师的教学论文等，广泛的学科阅读对于广大一线教师，特别是青年教师的发展大有裨益。

2. 浏览教育类书籍，储备条件性知识

当然，教师要提升教育理论水平，促进专业持续发展，还要阅读与教育相关的著作，特别是教育经典著作，涵盖教育学、心理学、教育哲学、前沿科学等论著。

阅读教育经典名著，就好像与大师名家进行心与心的碰撞、面对面的交流，有助于使教师的教育实践成为一个自觉的理性行为。读教育、心理学相关书刊，则有助于教师把握不同阶段学生的学习规律，在面对千差万别的教育对象和纷繁复杂的教育现象时，能够看到问题的本质所在，让教育者更从容地培养人，做符合教育规律的事。教师通过阅读教育名著，清晰深入地把握其中的思想观点和理论构架，体会教育思想的发展逻辑，从而获得系统的教育专业知识，形成具体个人风格的教育思想。

3. 涉猎文学类书籍，求索补充性知识

对于教师而言，工作的根本任务在于"育人"、在于促进学生精神生命的成长，它需要教师对多种知识、信息进行多层次创造性的开发、转换与复合。特别是当代社会，各个领域都在进行变革，信息、科学、技术等方面的发展为教育注入了新鲜血液，这些要求教师有创造性。创造让教师在教育教学过程中可以"超越教材而面对生命与意义，超越灌输而面对对话与生成，超越框架而面对自身的完善与发展"。

因此，教师要对能够展现人类优秀文明成果的人文、自然等类型的书籍如《中国哲学史》《乌合之众》等有所涉猎。季羡林先生说过，世上很多的学问，不一定是立刻有用的。但是对有些人来说，知道也很重要。各种世界经典和名著是人类的最高智慧和核心价值观的代表，不管教师的专业背景是什么，阅读这类书籍才能使自己的教学在富饶的沃土中生长，扩展教育对象的眼界和视野，丰富教育的人文及科学意义。

窦桂梅老师在其《读书，我们必须的生活》一书中有这样一段描述：

不久前，我校开展年度主题教学活动，共备《牛郎织女》一课。我惊喜地发现，不光我自己，学校部分教师也正在依靠书的力量，使自己的教学有了研究与生长的高度。为了上好这一课，我们读了民间文学的基本理论，读了牛郎织女的不同版本以及相关评析，读了各种类型的神话、传说、民间故事，请来清华大学文学院院长、著名作家格非给我们做专题报告。通过这一系列有字和无字之书的积淀，我

们不仅仅研究出了一节引起广泛反响的好课，更是踏出了一条既简明朴素，又直指本质的反躬内省的读书道路。以读促教和以教促读成了我备课的重要成长途径。

阅读然后实践，实践知不足然后再阅读，这无疑就是教师自我教育、自我成长的理想模型。

三、以学习为核心，博采众长

学习力是一个人的学习动力、学习毅力和学习能力的综合体现，包含知识总量、知识质量、学习流量和知识增量 4 个方面。无论教师处于哪一个阶段，只有不断学习才能为其专业发展提供持续动能。

三人行，必有我师焉。几乎所有的教师在教育教学过程中都会有意无意地学习曾经的教师、身边的同事、优秀的名师等。这种学习包括语言学习、形态学习，甚至包括思维方式的学习。但教师不能止步于简单的、无意识的学习，而应该将学习推向显性化和系统化。

1. 在"描红"中感受教学态度

综观优秀的教师，虽然他们的课堂各具特色，但透视其中，他们无一例外地做到了"眼中有生""心中有生"。不论教学内容如何变换，他们都将学生视为课堂教学的起点与归宿，教学环节的设计、评价语言的运用、课堂意外的处理无不处处体现"以生为本，以爱育人"的理念。

因为他们眼中有了"生"，心中有了"生"，所以他们的教学张扬着生命活力。某年冬天，有幸听到特级教师张化万老师的一堂录像示范课。张老师请一名学生读课文，那个孩子满脸通红，吞吞吐吐，不少教师猜到他在班上算是后进生一类，可张老师却把话筒交给他，跟他一起朗读，仅这一段话就读了好几分钟，但这个孩子在张老师的鼓励和帮助下居然比较顺畅地读完了这段话。刚读完，全场立刻响起了雷鸣般的掌声。这掌声不仅仅是对孩子的鼓励，更是对张老师充满人文教育情怀的高度赞扬。

对优秀教师课堂的"描红",不是循规蹈矩地搬用完整的教学设计,而是用心去感受名师课堂教学背后所蕴含着的教学态度与价值。在课堂教学中尊重生命、欣赏生命、敬畏生命,关注学生的学习力、思考力、合作力,了解学生的个性差异,重视并鼓励学生取得的每一点进步,在学习实践中努力为学生积累经验,打开思路,获取收益,充实生命。

2. 在"仿形"中借鉴教学特色

优秀的课堂环环相扣,妙趣横生,令人拍案叫绝,教师常常会被其精妙的设计所折服。学习这类课堂就是要善于"仿形",借鉴不同教师的教学特色,领悟他们设计的思路与初衷,钻研他们设计的匠心所在,从深层次去发现他们存在的共性和差异,从整体上把握课堂教学的结构和走向,提炼出每节课的价值,从而借助优秀课堂实例实现由"描"到"仿"的过渡。

优秀的课堂不求纷繁复杂、包罗万象,只为聚焦核心,做足功夫。不同的教师在教学中都有其特色的课堂组织结构和文本处理技巧。一线教师在学习借鉴中要吸收其精髓,如薛法根老师的板块教学模式、孙双金老师的启情益智教学特色、李吉林老师的情境创设教学方法等,既要注重揣摩教学整体的精神所在,也要关注各个环节的巧妙设计。不仅要知其然,还要知其所以然。学习他们善于把基础做扎实、把简单做精彩、把体会做深刻、把空白做丰富、把平淡做新奇;向他们学习不求形象,重在神似,如此方能实现精致课堂的生成。

3. 在"创新"中传递教学价值

齐白石曾告诫弟子说:"学我者生,似我者亡。"教师专业成长也是如此。优秀的教师课堂是所有一线教师学习的摹本,在经历一系列"描红"与"仿形"后,教师最终要立足自身优势,创新课堂,实现自我特色与风格的形成。

作为一线教师,要形成自己的教学风格不是一蹴而就的。要达到高水准且具有自身特色的教学境界,就要学习优秀教师成长的轨迹,鞭策自己像他们那样广阅读、善思考、勤实践,不断拓宽教育视野,认识教育的本真价值,丰富自身的理论修养,锤炼自己的教学技艺,写出属于自己的教学华章。

四川省南充高级中学饶利民老师，正是基于不断钻研和实践，实现了专业成长之路，最终成为一代名师。饶老师讲课深入浅出，他善于把抽象的数学概念和生活实际联系起来。讲几何中的圆柱、圆锥等立体图形，他都事先准备了纸片，一边演示一边解释。这样的授课方式通俗易懂，可充分调动学生的学习兴趣，带领学生在数学知识的天空翱翔。饶老师讲课独具特色，无须任何教具辅助便将一次函数、反比例函数、二次函数的图象标准规范地展示在黑板上，每到此时，学生总是为饶老师的挥洒自如而叹服。

从教 25 年，饶利民老师坚持"让学生成为他自己"的教育思想，他的课堂是师生共同成长的课堂。他关注学生的生命价值，给学生主动探索、自主学习的时间和空间，给学生以培养尊严和自信的土壤，让学生笔下有"术"，更让学生心中有"数"。

四、以平台为助力，常学常新

1. 勤于培训，自我更新

"不学习，勿为师"。无论是青年教师，还是骨干教师，好的教师的专业成长应该是自我更新、自我蝶变、自我驱动前行的过程。以浙江省为例，每五年每个教师都要经历 360 学分的培训，其中包括为期 12 天 90 学分的集中培训。此外还有每年的各类学科教学研讨活动。这为解决教师的知识更新、提高教师素质、提高教学创新能力提供了有力保障，也是提升人才队伍建设、适应科技进步、顺应时代发展的重要途径。

教师参加的各种培训都是为了加强教师专业的技能，但这些都是职业的特殊性决定的，是被动采取的措施，因此，在培训的过程中还是需要教师去用心学习、用心体会、总结经验，把学到的知识都应用到实际中。教师在专业发展上的自主性是教师专业发展的前提和基础。教师必须把外在的影响转化为自身专业发展过程中的动力，具有自我专业发展的意识。

2. 善用资源，与时俱进

教育作为一个衡量社会进步的指标，随着信息时代的到来，经历了巨大变化。在数字化时代，借助数字化工具和资源，学习者在信息化的环境下学习的方式也在发生根本改变。在新的教育背景下，如何有效利用信息技术，以学生为主体，为学生营造良好的学习和自我管理平台，是当下教育工作者共同关注的问题。目前，面向教师的学习平台资源很多，仅仅是教育系统搭建的就有校本研修平台、国家中小学智慧教育平台等，除此之外，还有各种平台的教育公众号、各种学习软件等，教师可以通过对比分析各个平台和资源的差异，挑选符合自身学习习惯的平台和资源，每天投入一定的时间进行学习，丰富知识结构，保持大脑活力。

对于教师而言，紧跟时代潮流、及时更新大脑知识储备、合理利用网络资源显得尤为重要。教师可以借助于国家智慧教育公共服务平台的资源，实现多元化、多层次教学。比如，"离子反应"是高中的教学内容。湖南怀化职业技术学院的教师利用电子白板、教学平台、iPad等进行教学。借助投屏技术，学生能够亲身参与实验，其他学生能够更清晰直观地观察到实验现象，提高学生的参与度、自主性。通过实验交互式教学，学生参与实验，极大地提高了教学效率。

3. 抱团发展，共同成长

现代社会，合作是一种理念，也是一种文化。追求成长的共生效应，跟优秀的人在一起，会让自己变得更优秀。教师如想持续发展，就需要充分利用抱团发展、共生同进，在专业发展圈里找到优化自我的成长环境。

独行快而众行远。通过相互学习，在思想与智慧交流中，借鉴和学习同伴的优点。不同教师在知识结构、思维方式、认知风格等方面存在一定差异，教师同伴的互助有利于打破教师个体在认知和思维方面的局限性，促进教师深度反思，推动教师教育教学观念、行为的转变。教师同伴互助有助于调动教师专业成长的主体生长性，强化教师的合作意识和水平，提升教师的深度反思能力，增加教师的实践智慧，实现教师的共同成长。

简言之，在专业成长的过程中，教师需要认识到共生效应对自己的积极影响，并实现该效应下的自我成长。

专业化是教师这一职业从业人员的必备素质。在"教师即课程"已成共识的背景下，教师的专业化首先就要从自我革新开始。在自我革新中承上启下，让自己的内在专业结构不断更新、演进与丰富，在学习中积累，在积累中思考，在思考中蜕变。在专业成长的道路上，不要左顾右盼，不能纸上谈兵，不要幻想终南捷径。每天扎扎实实地经营，勤勤恳恳地打造，或许有一天，当你抬起头时就会发现，尽管前面的路仍然很长，但起点也早已被你远远地甩在身后。

主题 2

勤于实践，站稳三尺讲台

单纯的理论学习，是不能让一个教师获得真正成长的。教师要主动将自己所读、所思、所学放到教学实践中进行检验。著名教育家陶行知所提倡的"教学做合一"中的"做"即是指实践。实践是获得知识、培养能力的重要途径，也是教师进行日常教学研究的必要环节。在日常教学活动中，教师不仅要"心动"，而且要"行动"。在读书中，一旦有所感悟、有所心得，哪怕是一丁点儿自己的创新思想，都要立即将之付诸实践，通过教学实践来验证创新思想的效度，绝不做"思想的巨人，行动的矮子"。

一、突破自我，厚积薄发

美国教育家帕克·帕尔默在《教学勇气：漫步教师心灵》一书中说："记住我们是谁，就是把我们的全部身心放回本位，恢复我们的自身认同和完整。当我们忘记了我们自己是谁的时候，我们就解体了我们自己，随之而来的就是可悲的工作后果，可悲的心灵后果。"所以，我们要在生命的自我认同和自我完善中实现自己的成长。

吴非老师说过，"即使能力有限，作用有限，如果能保持独立思考，对现状有清醒的认识，就有可能在整个教育中起作用"。要想成为一名真正的教师，就不能把自己的这份工作仅仅当成一份可有可无的职业，而是当成自己为之奋斗一生的事业，当成自己实现人生价值的志业。

1. 博观约取，凝心修炼

教师应在工作中努力释放自己的光和热。新教师必须掌握扎实的教学基本功，你置身堂课中，看到教师气定神闲，信手拈来，时不时激起朵朵教学的浪花，你会发现这是一种享受。因此，新教师要不断主动学习，给自己"充电"。本着吃透教材、吃透学生的原则，朝着提升自身素质的方向努力，不断学习、积极探索。"厚积而薄发，博观而约取"，充分借助一切机会，学习百家而顿悟，提升教学素养。

2. 拨云见日，矢志笃行

当我们能够轻车熟路地驾驭课堂时，初为人师的那种新鲜感和站在讲台上的激情会慢慢褪去。尤其是在教学上取得了一定成绩之后，可能会对下一步发展感到茫然。这个时候就需要我们积极主动寻求上进，突破自我。面对教学中同事间的竞争，要正确看待；对待学生的错误与不足，要心态平和。要"不以物喜，不以己悲"，还要有淡泊名利、超然世俗的情怀。教师不仅要注重自己的身体健康，还要关注心理健康，锻炼身体和放松身心并重。要保持高昂的激情，让自己的教师生涯成为一段"激情燃烧的岁月"，积极调整个人的观点意识，挑战自我，积极超越，不断进步。

3. 坚守初心，牢记使命

教师需要一如既往地努力坚守，不忘教育初心。初心是"为天地立心，为生民立命，为往圣继绝学，为万世开太平"的远大抱负；是"衣带渐宽终不悔，为伊消得人憔悴"的坚定执着；是"路漫漫其修远兮，吾将上下而求索"的不懈探索和攀登。作为教师，我们的初心就是永葆对职业的敬畏，对事业的追求，对学生的关爱，对名利的淡泊。只有这样，我们才能少些倦怠多些激情，少些惰性多些勤奋，少些诌媚多些从容；也才能心无旁骛，甘守三尺讲台。我们要做好塑造学生品格、品行、品味的大先生，当好学生人生的引路人。

作为教师，必须适应工作、适应环境，学会调整自己的心态。一切美好源于我们的不懈努力和追求，前行的路上，处处都有曼妙的风景。希望所有教师都能静守心中的信念，为发展教育事业奋力前行。

二、以生为本，坚守课堂

1. 理念与准备——专业成长的入门点

备课是课堂教学的起点和基础，于永正老师说："不备课，或者备得不充分，我是不敢进课堂的。"从某种意义上说，课堂教学的质量取决于备课的质量。在备课时一定要树立兴趣比分数重要，方法比知识重要，会学比学会重要的思想。

教材是教学的依据与根本，教师在上课之前必须吃透教材，切忌照本宣科。于漪老师坚持了三年的做法是：第一次备课，摆进自我，不看任何教学参考与文献，全按个人见解准备方案。第二次备课，广泛涉猎，分类处理各种文献的不同见解后修改方案。第三次备课，边教边改，在设想与上课的不同细节中，区别顺利与困难之处，课后再备。精心备课，能使教师收获课堂的精彩。

备课是对教材进行再创造的过程，是一种转化，一种升华，一种超越。教师只有注重在备课的深度与广度等方面进行深入钻研、领悟，才能避免照本宣科。

2. 设计与实施——专业成长的支撑点

对于每一节课，都需在教法上多动脑筋，以求达到最佳教学效果。如何设计学生课堂展示环节，如何实现学生自主学习以培养自学能力等，都需要教师精心策划。

长沙市双语实验学校的童朝辉老师在教学"Can you come to my party?"一课时，找到"What do we do on birthday?"这个学生感兴趣的切入点，通过提问引导学生说出自己的生日，联系生活经验邀请小伙伴参加自己的生日派对，与学生展开互动，为整堂课创设了一个真实而有趣的学习情境。杨东亮老师教学"分子和原子"一课时，以"疫情时代下我们该如何正确使用酒精消毒"这一话题贯穿课堂，或动画演示，或直观操作……把生活中的鲜活题材引入化学学习的课堂中，让学生从周围事物中学习化学和理解化学，感受化学的趣味和作用。

课堂是教师职业的主阵地。理想的课堂学习追求是让每一个学生达到自己的最佳状态。这就提醒我们教师要追求真实的课堂，发现学生的困惑和难点，用直观形象的教学手段引导学生自主发现学科的内在知识逻辑，教给学生自我学习的方法和技能。教师不能年复一年地走老路、无激情、缺创新，要想让自己的教学生活有更多的感动，要想自己收获更多的成长乐趣，就得精心设计每一个教学环节。

教师应当努力让课堂成为一种"交响曲"。每一个学生都是具体而鲜活的，他们各有不同，恰如交响乐团中各种不同的乐器。交响曲的意义不在于齐奏，更不是独奏，而是让每一位学生都能在原来的基础上不断进步，展现出最好的自己，追求每个具体学生的学习意义感和效能感，让他们在课堂中找到自身存在与学习的价值。

3. 评价与思考——专业成长的着力点

苏格拉底说："未经思考的生活，是不值得过的生活。"同理，未经思考的学习，是有缺憾的学习。自我评价与自我反思对任何教师都具有重要意义，对于新教师尤其重要。新教师刚进入教学岗位，缺乏教育教学经验，而通过评价与思考可以将教学中发生的关键事件、关键经历转化为教师的教育教学经验，实现教师自我经验的快速成长。此外，一些教育教学经验一旦形成，将具有惯性，会影响教师后续的教学行为，甚至有些影响会持续终身。

评价可以是多种多样的，根据评价维度、评价方式、评价主体的不同，评价的类型也是各不相同。但不管是哪一种评价，教师都要勇于接受他人的评价，敢于自我批评，这样就可以对一些教学经验进行梳理和检视，发现以往教育教学经验存在的不足和待改进的地方，同时针对自己的缺陷学会自我反思。苏霍姆林斯基坚守在教学实践一线32年，写了32年的教学日记，记录了32年的人生经历和专业发展轨迹，在思考中成为一代教育家。

评价与思考正是以教师的实践为源头、为内容、为线索，进行富有个性的教学研究的形式，也是教师在教育实践中寻找"意义"、重建自己的教学生活，从而构筑专业成长的精神家园的历程。教师在这样的过程中，由教学实践走向教学理论，由教学理论引导着教学实践，不断地超越自我，最终成长为一名专家型教师。

三、以赛促练，锤炼本领

常言道，量变引起质变，只有不失时机才能促成飞跃。迈过"量"关，教师才能迎来职教生涯的质变。最根本的莫过于把课上好，教好学生。这是教师安身立命、行为世范之本，切忌本末倒置、迷失方向。现实中，各级各类平台的比赛中总会涌现一些优秀的教师，可以说比赛是检验个人综合素质的试金石。所谓"台上一分钟，台下十年功"，通过参加一些说课、赛课、专业技能比拼等赛事活动，教师有机会在一个高强度、高压力的环境中有效整合转化自己的理论储备和实践积累，锤炼本领，快速成长。其间，在与对手同台竞技中看到自身不足与努力方向，在与评委交流互动中发现自身亮点与专家风度。

机会总是垂青于有准备的人。正如全国特级教师，教授、博士生导师窦桂梅老师所说："课堂教学真是一门艺术，有领导、专家指导的公开课更是提高教学水平的快车道。"为此，年轻时的她找到校长，主动要求上公开课，参加各种教学比赛。她经常请领导、专家听课。她相当珍惜专家的点评，但也不忘自我反思。她经常用录音机将自己的教学过程录下来回家细听，随时发现问题，然后将发现的问题记在心里，争取在下堂课改进。久而久之，窦桂梅老师的教学水平有了明显提高。

正是由于这样一次次不厌其烦地学习、实践、反思，窦桂梅老师才能在众多一线教师中脱颖而出，载誉无数。窦桂梅老师曾提醒青年教师："一定要争取多上公开课。这是你最好的'炼炉'，因为有了'公开'这面镜子，你才知道怎样不断地修正、纠正自己，并提升自己。"

因此，教师平时可以多关注学校、教育部门、权威期刊等官方平台资讯，看到感兴趣的比赛便马上着手准备，先干起来再说，比如撰写教案、录制微课等，反复操练，不断打磨，用最好的作品、最好的状态去为自己喝彩。不用担心强手如林，要有"初生牛犊不怕虎"的胆色；不要纠结时间有限，要有"为伊消得人憔悴"的决心。当然，也不能盲目贪多，什么比赛都想参加，人的精力毕竟有限，要做到有的放矢，适当聚焦，用有限的精力收获无限的成长。

四、名师引领，见贤思齐

教师的专业成长代表着知识体系的丰富、教育教学能力的娴熟，其本质是从合格到娴熟的过程，教师的专业发展既需要个体的不断努力，也需要巧妙借力周围的环境。教师自我经验增长的来源除了需要个体积极投身教育教学实践获得直接经验外，也要积极从周围环境中汲取养分，以实现自我成长。

在生活中，有许多优秀的教师、名师值得广大教师去学习，近年来，在国家、地方的支持下，大力推进名师工作室、工作站建设，许多专业性的报纸杂志也开设了诸如"名师工作坊""名师反思录""名师风采"之类的栏目，其根本目的在于发挥名师的示范效应和"传帮带"的作用，通过发挥名师的榜样作用和团队作战的优势，促进教学改革，推动教师专业化发展，从而提升区域教育教学整体水平。

名师工作室就是一个学习共同体，工作室中，往往有专家、骨干、青年等各个阶段的教师，每一个阶段的教师都可以在这样的学习共同体学习他人的闪光点，锤炼自身的专业技能。这样的学习共同体中，可以充分发挥带头人的示范、引领、辐射、指导作用，为教师的专业发展指明方向。名师之间团结协作，形成合力，助力青年教师，且送课到校、送研到校。交往的最高境界是相互欣赏，相互成就。通过学科教研互相切磋、互相交流、互相学习，不断碰撞出智慧的火花，达成最优教学共识，从而有效提升教师的教学、教研积极性，极大推动了教师的专业化发展。

读《中国语文人》，从每个名师自我叙述的"影响我成长发展的最重要的人和事"中得知，几乎每个名师都有"影响我成长发展的最重要的人和事"，即都得到了良师的指导与提携。浙江省特级教师朱海英老师回顾她的成长经历时说："这一切都离不开全国著名教师吴加澍老先生的指引。"

当年，刚入职三年的朱海英老师在听完吴加澍先生的一场报告后，对于物理教学有了新的认识，吴加澍老先生指出：真、善、美是物理教学追求的最高境界。具体而言，物理课堂教学一要"求真"，达到科学境界；二要"从善"，体现人文境界；三要"臻美"，具有艺术境界。此后，每当有吴老师的学术培训会，朱海英老师总是想办法参加，学习吴老师的教育思想，学习吴老师与时俱进、精益求精的钻研精神，从而走上了"大道至简、大智若愚、大成若缺"的专业成长道路。

教育是行者的思考与探索，唯有从理念设计层面深入具体的实践操作，才能向"青草更深处漫溯"。一线教师的专业成长是一项实践性、实用性、实操性很强的工作。教师专业成长的水平最终都需要在课堂实践中呈现、展示、检验，否则就是"花拳绣腿""中看不中用"。立足于课堂实践的教师专业成长方式，充分调动教师主动成长、主动发展的能动性，在课堂与课程实践中，主动发现、主动补充、主动完善、主动成长。

主题 3

善于反思，追求精益求精

"一个教师写一辈子教案难以成为名师，但如果写三年反思则有可能成为名师"，华东师范大学叶澜教授的这句话充分说明了反思在教师专业成长过程中的重要性和特殊作用，成为很多教师自我鞭策的座右铭。

事实上，我国《小学教师专业标准》和《中学教师专业标准》在教师专业能力方面，均提出了要"主动收集分析相关信息，不断进行反思，改进教育教学工作""针对教育教学工作中的现实需要与问题，进行探索和研究"。这实质上就是要求教师注重反思，提高自身思维能力。

按照基本理论和教学规范开展教学，拥有较为成熟的经验和自己的思想、风格，形成独特的教育思想与教学主张，这是教师成长发展的三个层次。从实践到经验，再从经验到理论主张，其间的跨越与升华不会自然而然地实现，需要一定的"催化剂"，需要借助一定的思维工具和方法。美国心理学家波斯纳曾总结出这样一个公式：经验+反思=成长，他说："没有反思的经验是狭义的心得，至多只能是平庸的知识。"事实上确实如此，没有反思，教师职业生命只是"实践—实践—实践"的简单叠加；有了反思，教师职业生命才能实现"实践—反思—提升"的螺旋式上升。反思本质上是教学研究中最重要的思维方式。它是教师自我任职和自我监控的思维机制，是教师理性思维成熟的核心特征。

究竟何为教学反思呢？教学反思是指教师自觉地把自己的课堂教学实践作为思考的对象，对自己的教学目的、教学行为、教学过程和教学结果等进行全面而深入的审视和分析，从而提高自己的教学能力，使教学达到更优化状态，使学生得到充分发展的活动。

一、思所得，发扬长处，发挥优势

教学反思，"思"之要有"物"。这里的"物"，特指教学实践的过程。经历教学实践后，教师总会产生一些难忘的感知，或多或少，或"得"或"失"。

对教师而言，每一堂课有满意的地方，也就是成功之处。教师在反思时可以侧重于记录自己某节课教学开展过程中的亮点：或是教学过程达到预先设计的目的；或是课堂教学中突发事件的应变过程；或是对教育学、心理学中一些基本原理运用的感触；或是教学方法上的改革与创新；或是师生活动开展的经验；或是在备课时未曾考虑到而在课堂上突然迸发出的灵感和火花等。

1. 精彩的教学片段

精彩的教学片段依附于教学过程的方方面面，如引人入胜的新课导入，别有风味的氛围营造，得心应手的教具应用，新颖别致的难点突破，别具一格的智能开发，出神入化的学法指导，画龙点睛的诱导评价，留有悬念的课尾总结，等等。课堂教学中，随着教学内容的展开，师生的思维发展及情感交流的融洽，往往会因为一些偶发事件而产生瞬间灵感，这些"智慧的火花"常常是不由自主、突然而至的，若不及时利用课后反思去捕捉，便会因时过境迁而烟消云散，令人遗憾不已。

2. 学生的独到见解

在平时课堂教学过程中，都有这样的体会：下课后教师总是乐于把这节课上学生的独特解法、学生的精彩回答、学生的创新思维等，与同事交流，让他们共同分享其中的喜悦。这种源于学生对文本的独特理解、源于学生精神世界的独特感受，是一种无比丰富的课程资源。教师应当充分肯定学生在课堂上提出的一些独到的见解，这样不仅使学生的好方法、好思路得以推广，而且对他们来说也是一种赞赏和激励，帮助学生悦纳自己、感受自尊。同时，这些难能可贵的见解也是对课堂教学的补充与完善，可拓宽教师的教学思路，提高教学水平。

一位教师在教学"24 时计时法"时，讲到巩固拓展部分，问了这样一个问题：林老师的作息时间表采用了什么计时法？当问题一抛出来，教室就炸开了锅，很快分成了两个阵营：有的说"是 24 时计时法"，有的说是"普通计时法"，在教师的指导下，双方阵营展开了辩论。这样的设计本不是教师故意为之，但是通过思考辨析来让学生拓宽思维，打破思维的局限性，并给予学生自我锻炼的机会，是一次惊险的追求真理的"旅途"，也是从"学过"到"学会"的跨越。课后，教师又将此记录下来，作为以后教学的宝贵材料，为进一步优化自己的教学设计提供思路。

无论是哪一方面有益的收获，课后及时反思，日积月累、持之以恒，把它们归类整理提升，形成带有规律性的内容供以后教学时参考使用，并在此基础上不断地改进、完善、推陈出新，这样对提高课堂教学能力，探索课堂教学改革的思路，形成自己独特的教学风格会大有好处。

二、思所失，吸取教训，弥补不足

在遗憾中反思收获最大。再完美的教学设计也可能有疏漏、失误之处。对教学之中"缺失"之处进行认真回顾、梳理，并对其做出深刻反思，找出形成的原因，探究解决的策略，才能形成教学经验。

1. 勇于自我批评

智者千虑，必有一失。课堂教学反思的目的在于找出问题、总结经验，以进一步提高教学水平。作为一线教师，反思不能走过场，要有直面自己不足和软肋的勇气。课堂上，由于时间和人数限制，教师无法全面地认识自己的课堂。因此，教师可以借助于现代技术手段，录制自己的课堂，对自己的教学把控、教学行为进行观看反思，以第三者的角度，对照自己的课前目标和实际教学效果，来评价自己的课堂。

2. 虚心听取意见

作为一名一线教师，大家在上课时总有这样的体验，顺着自己的逻辑和立场，总觉得自己的做法是对的，但是站在旁观者的角度未必这样想。因此，教师可以尝试邀请同伴、师傅、专家来听课，听听他人对于课程的理解和思路，说不定会有豁然开朗的启发。与其他教师合作研讨来反思自己的教学行为，会使自己清楚地意识到隐藏在教学行为背后的教学理念，进而提高自己的专业素养。

实践证明，教师专业成长不仅需要教师个人的学习与实践反思，更需要在教师群体中交流与探讨反思。因此，教师应经常与同事及时交流、与专家共同研讨，以期得到支持和帮助。教师可以就某一问题与其他教师和专家进行交流；也可以邀请其他教师和专家到自己的课堂听课，课后一起研讨，请他们指出自己教学中存在的问题；还可以在听完其他教师的一堂课以后，针对这堂课进行讨论交流。这样不仅可以反观自己的意识与行为，还可以取人之长、补己之短，从而在合作反思中进步、在互补共生中成长。

只有敢于正视自己的不足，及时弥补不足，吸取教训，才能不断走向成功。因此，思所失既是教师对学生高度负责的表现，也是不断提高自身教学水平的客观需要。

三、思所疑，加深研究，解惑释疑

"疑问"是反思的起点，是反思走向深入的前提。这里的"疑"包括两个方面。

专题四 专业：时光不负铸匠心

1. 思生之疑，掌握学情

每节课下来，学生或多或少会存在某些疑问，有的课堂上可以解决，有的课堂上无法及时解决。对于课堂上无法及时解决的困惑，教师要记录学生反馈的疑点，在课后细加琢磨，寻求更便捷易懂的教学方法，解决学生的疑惑，使今后的教学和复习更具针对性。

2. 思师之疑，精进设计

除了学生有疑点之外，教师在分析教材、制定教学目标、设计教学环节时也并非一下子就可以理解得十分透彻，有时甚至似是而非，在课堂实践中也可能产生一些疑惑，如学生的听课效率为何较低、上课积极性为何不高等疑惑。这就要求教师在教学后要记录在实践过程中产生的问题，积极思考，深入研究。

不难发现，在教学实践中教师不是没有疑问，而是不知道怎样从教学现象中提出疑问，进行剖析研究。笔者认为，教师可以采用自我反省法或小组"头脑风暴"法，对教学现象进行针对性分析，挖掘隐藏在教学行为背后的教学理念方面的种种问题，找出学生学习行为方面的共性问题，然后围绕疑惑，进行多层面、多角度的反思。比如，教师时常感到课堂时间紧，教学任务不能完成。反思即知，这种情况可能是我们的教学行为失当造成的。怎样避免重复提问？怎样避免重复学生的回答？怎样做到精讲？这些问题，需要我们深刻反思、深入探究。再如，我们经常发现课堂上学生答非所问，针对这种现象，通过课堂观察和课后分析，我们可以提出这样一个问题：怎样提高课堂提问的有效性？围绕这个问题，我们可以从提问内容的设计、提问对象的确定、提问方式的选择以及教师的引导策略等方面进行全面、理性的反思。主动捕捉典型的教学问题，用心感悟、用心反思，这样的反思才有深度。

全国名师王崧舟曾讲过这样一个故事：在十几年前，他上了一堂公开课《我的战友邱少云》，有位学生举手质疑，认为邱少云是个笨蛋，明明有其他选择，完全不用牺牲。王崧舟老师坦言，当时没反应过来，批评学生才是笨蛋，因此后悔了很久。直到后来，遇上了提出同样质疑的学生，他才有机会纠正错误，反问道："你是不是不想让邱少云死？"同样一个问题，为何王老师会有不同的应对，这是因为王老师在每一堂课后都在反思自己的不足，寻求待改进之处，打磨课堂的每一个细节。

没有一节课是完美的，哪怕是名师也有可能出错，这就需要教师针对课堂的疑惑之处，反思并改进今后教学的措施。教师要对同一教学内容进行"再教设计"，为后继教学提供借鉴。教师在不断反思和改进中，能够逐步提高教学水平，形成自己的教学风格。

四、思所难，突破难点，化难为易

教学的本质是促进学生的发展。自己的教学行为是否符合学生的认知水平，学生是否有所收获并得到发展是我们始终要关注的问题，离开了这一点，教学活动就会成为"无本之木"。因此，在课堂教学中，对教材难点的突破事关整个教学的成败。

1. 准确分析，定位难点

所谓教材的难点，是指教师难讲、学生难懂的知识点。这意味着教师一是要反思自己是否准确地把握了重点和难点，既要反思教材中的重点、难点，又要反思学情中的重点、难点；二是要反思自己是否科学地突破了重点和难点，既要考虑联系学生已有的知识，又要考虑巧妙地启发引导，在化难为易中引导学生把握重点、突破难点。如果我们每一次都把教材难点的处理方法、教学的信息反馈或教学效果，以及今后改进的教学设想等写下来，并且进行深入细致的分析、比较、研究，那么长期坚持下来，必将极大地提高自身处理教材难点的能力，化难为易，再帮助学生突破难点，使其加深对教材的理解。

2. 攻坚克难，研思共进

突破教学重、难点需要理论的支撑，基于理论对学生遇到的问题做出理性的分析和深刻的反思，才能找到解决问题的具体方法。调查发现，有些教师缺乏理论的支撑，反思仅仅停留在经验层面上，不能深入问题的本质，致使难点无法得到有效解决。作为一线教师，要针对难点，及时查阅书籍或上网查找相关理论，围绕问题学习理论。站在理论高度去剖析问题的成因，提出问题的解决思路和方法，可以避免反思内容在同一水平上进行。例如教学难点确定以后，我们就可以围绕这一难点广泛地阅读相关的文献资料，运用理论分析突破这一难点的有效对策。基于理论进行反思，不仅实现了理论与实践的有效对接，而且使教师更加理智、全面、辨证地看问题，使问题得到有效解决。

南京师范大学附属小学特级教师贲友林，从照抄教案、照着教案上课，到独立进行教学设计，一步步成长为小学数学界名师。他在《在教与学的重构中成长》一文中，对自己从教20多年的经历进行了梳理与反思："最初设计怎样教学生；后来设计怎样教学生学；再后来设计怎样教学生能够主动地学、创造性地学、个性化地学。教师在设计教学的过程中，也反思着自己。"由此，他总结出教师成长的三个阶段：第一阶段，关注教材，知道自己教什么；第二阶段，关注自己，在课堂中展现教师自己；第三阶段，关注学生，教师明白了教是为了学。从第一阶段到第二阶段，一般能自然过渡；从第二阶段到第三阶段，则要靠教师的用心与努力。

通过贲友林老师的经历，我们发现，教师既是教学实践的主体，也是教学研究的主体。教学反思正是以教师的实践为源头，为内容，为线索，进行富有个性的教学研究形式，也是教师在教育实践中寻找"意义"、重建自己的教学生活，从而构筑专业成长的精神家园。

思之则活，思活则深，思深则透，思透则新，思新则进。反思教学行为，总结教学的得失与成败，对整个教学过程进行回顾、分析和审视，才能形成自我反思的意识和自我监控的能力，才能不断丰富自我素养，提升自我发展能力，逐步完善教学艺术，以期实现教师的自我价值。这是教师提高自身业务水平、促进自身专业成长的一条重要途径。因此，教师要提高教学反思的意识，明确教学反思的目的，并尽快学会反思、善于反思。

主题 4

潜心钻研，坚持笔耕不辍

"做一辈子的教师，但一辈子都在学做教师！"正是因为对教育的那一份热忱，促使广大教师将所学、所知、所行，进行回溯记录、梳理分析、淬炼思考，不断将实践和经验转化为成果和思想。写反思，写经验，写论文，笔耕不辍，用以更好地指导实践，增长专业水平，推动教育发展，教师也能更好地引导学生迈向幸福。

对于教师队伍中的佼佼者——各派名师，他们有着最先进的育人理念、教育方式等，打造出了多种教育模式。但眼界开阔、博闻强识、勇于探索的他们却永远不满足于当下，仍然孜孜不倦地潜心钻研、笔耕不辍，他们是教师行业的专业开拓者，更是给予广大教师源源不断启示的引领者。教育研究并不局限于专家、名师，对于广大一线勤勤恳恳的普通教师来说，他们深谙学生的心理，有着最接地气的实践探索、最丰富的实践经验，在摸爬滚打中摸索出自己独特的教育方法。他们的知行合一、刻苦钻研，有助于提升自己的教学水平，为自己的专业化发展而积极进取。

一、下笔为始，记录点滴

一提到教育写作，很多年轻教师觉得压力巨大，往往"敬而远之"，认为教育研究是专家的事，自己又不是名师写不来，往往在第一关"下笔写"就望而却步。殊不知生活的真谛就在日常的一点一滴中，教育习作也可以记录自己的点滴生活，也可以是一件有趣味，有温暖，有情怀的事。

1. 教育教学随笔日常化

在教育教学的过程中，教师往往会遇到一些印象深刻的事：有的是弄巧成拙、令人捧腹大笑的诙谐事；有的是费了心血却失望而归的伤心事；有的是不经意间令人动容的感动事；有的是教育机智课堂生成的成就事……教育教学的随笔，可以记录日常，记录平时发生的一些零星小事；也可以日常记录，将记录变成一项日常化的习惯。

2. 教育教学案例主题化

在形成数量可观的教育教学随笔后，加以规范、润色，就形成了一篇篇优秀的教育教学案例供同行参考学习。对这些零散的日常记录的案例，再进行分门别类，则形成了一系列丰厚的主题化的优秀案例，其可借鉴性更强，也为未来主题化的提炼和思考打下了坚实的基础。

3. 教育教学评论专业化

除了教育教学随笔、案例之外，教育教学评论的作用也不可忽略。教育教学评论有助于教师专业化成长。与教师教学生活联系紧密的便是评课，仁者见仁、智者见智，往往在大家评论的过程中越辩越明、越评越专业。而在教育教学评论时，也要注意评价的专业化。在评价时，应当关注融入当下的教育教学理念，关注教师、学生等多个方面。在很多名师工作室的公众号中，有很多教师对课例的研讨和评论，使凝练度高、角度多样的观点在碰撞中迸发出别样的光芒。

日常记录是全国著名特级教师于永正老师的一大法宝，自 1962 年从事小学语文教学工作以来，他始终坚持用笔记录下自己日常对于教育的实践与感悟、对语文教学的实践与感悟，还有忆师友与对人生的感悟等。正是这样的勤于记录的好习惯，所积累和总结的教例与经验，不断推动着他发表文章百余篇，撰写出版《于永正课堂教学教例与经验》《于永正语文教学精品录》《教海漫记》《给初为人师的女儿 20 条贴心建议》等多部著作，成为教育部"跨世纪名师工程"向全国推出的首位名师。他也坚持将他的教育观、语文观、学生观和从教 50 多年的经验总结浓缩凝结于笔下，用平实的语言、亲切的口吻向教师及读者娓娓道来。

于永正老师的这些日常记录，让人生留痕，给教师留下了宝贵的智慧财富。

他用日常记录的故事、主题系列的案例、专业智慧的评论，教会教师怎样做"教师"，更教会教师怎样做"人师"。

二、进取为纲，推敲打磨

在教育教学随笔、案例、评论记录的过程中，教师往往会根据自己的实践得出自己的想法，平时这些看似不起眼的想法，若是经过一番推敲打磨，便是教育教学心得及观点的雏形。以抓住这些转瞬即逝的"灵光乍现"发现问题为切入点，以乘胜追击进行广泛阅读为支撑点，以锲而不舍地深入探究为着重点，静下心来，潜心专研，如此一来，论文研究撰写便信手拈来，教师不仅仅是教育的实践者，更是探究者、钻研者。

1. 以发现问题为切入点

在新课标背景下，如何提高学生的核心素养？在课堂上，有些学生走神儿发呆，有些各玩各的，为什么课堂吸引力这么弱？在低年级的语文课上，识字是主要任务，但是日复一日地机械识字，也显得索然无味。体育课上，孩子们不停地在练习跳绳，如何提高他们的跳绳速度呢？怎样让孩子们更好地理解面积的概念，数学老师苦苦思考着……

在教育的过程中，不同学科的教师都会不由自主地产生教育或教学上的问题，这些看似不起眼的问题，往往既是宝贵的"写作灵感"，也是教育研究，以及提高教学能力、教学水平的切入点。

2. 以广泛阅读为支撑点

不积跬步，无以至千里。实践需要在理论的指导下进行，脱离理论的指导，容易走偏、走错。在钻研的道路上，若是仅仅发现问题还远远不够，还需要教师大量地广泛阅读，汲取专家名师、广大教师的已有经验和智慧，站在巨人的肩膀上展开探究，则可以事半功倍。

广泛阅读是进行科学研究、下笔撰写的重要前提。如果你有机会去拜访一些专家、学者、名师的家，只要稍加留意，你就能发现一个共同点——在他们的家里，书籍随处可见，书架则俨然成了家里一道亮丽的风景线。在他们的家中，映入眼帘的便是满满一墙的书。也正是这些书籍成就了他们。

作为一线的教育工作者，不妨订阅、浏览一些和本职工作相关领域的核心报纸杂志或相关公众号推送的文章，常常翻阅、时时消化，学习他人的成功经验，自己教学育人中遇到的棘手难题往往也可以迎刃而解。

3. 以深入探究为着重点

"搞科研就要像农民种地一样，春播秋收，脚踏实地。扎不进泥土地，就长不成栋梁材"，在实践经验上下功夫，在理论指导下做文章，下笔撰写之初便已有了眉目，但虚心请教、反复琢磨、统筹设计、多次试验、多方考评的深入探究方为重中之重，是写反思、写经验、写论文的着重点。

教育教学的研究离不开丰富的实践经验的总结。霍懋征老师是新中国第一批小学语文特级教师，她一直在一线潜心钻研，积极投身教学改革不断将自己教学实践的经验总结提炼成教学方法，其背后是不懈的琢磨、反复的尝试，更是持续深入的探究。

霍懋征老师身体力行围绕"促进学生全面发展"的目标，持续躬耕于语文教学。她总是抓住一切机会向其他优秀教师及各行各业专家学习，除了广泛阅读教育学、心理学著作外，还积极探索理论在实践中的运用，进而创造理论。此外，她也总和其他教师反复琢磨教学设计，以合作的方式进行探讨。

因此虽然时代更迭不停，课程目标、教学理念都在不断变化，但霍老师也总能顺应时代的变化而不断调整方向、深入探究。我们才能在她经过实践检验的经典教学案例中借鉴颇丰。①

三、思考为要，凝结智慧

以"初步实践—理论学习—实践探究"为下笔撰写的准备路径，教师在教学的过程中，不断思考，加深体会，最终凝结成自己的教育智慧，将实践探索转化为理论成果，既是自我育人道路上的收获成果，也对教育同仁有一定的启示。

---

① 《小学语文教学》杂志社. 跟着大师教语文 [M]. 南昌：江西教育出版社，2023：148-165.

1. 方向把准，选题有价值

在形成最终成果稿时，要注意确定研究的方向，明晰目标，让选题有价值，让成果更吸引人，为更多的同仁所参考。

（1）结合社会热点，突出时效性

当社会的聚焦点发生转移时，社会的关注也推动着在此领域的进一步延伸，乘着热点的东风进行研究，研究方向会契合当下主流。2021年7月，中共中央办公厅、国务院办公厅印发了《关于进一步减轻义务教育阶段学生作业负担和校外培训负担的意见》，由此掀起了业界"双减"政策的研究热。双减政策下如何开展课后服务工作？少先队活动如何助力双减？双减政策下作业质量要求提升，作业设计也成了呼声高居不下的话题……

（2）结合国家政策，具有可行性

国家政策往往是科研的风向标，体现了国家的高度关注，也是时代发展的选择。在下笔撰写时牢牢高举政策这面大旗，有助于研究的顺利开展。有了政策的呼吁和支持，研究方向具有可行性，研究大有可为。2022年4月21日，教育部发布了新修订的《义务教育课程方案和课程标准（2022年版）》，国家在新的历史起点上促进了教育教学的改革，以素养为纲，以培养"学生核心素养"为导向。随后，不同领域、不同学科的教师便纷纷以"核心素养"为旗帜，就如何提高学生核心素养展开研究。

（3）结合教育实践，具有典范性

在自己的工作领域实践中寻找突破口，在教育实践中发现的问题往往也是业界研究绕不开的领域，等待更多教育同仁进行挖掘。在符合专业要求的基础上，根据自己的兴趣选择内容，期待解决什么问题，或者在前人研究的基础上有什么创新的解决举措、取得了哪些成果，参考价值不可小觑，并形成典范。

2. 图表结合，数据会说话

直观、立体的可视化图表，准确、精细的多样化数据，在下笔撰写时往往能更好地帮助表达，用事实说话，用数据证明。

（1）进行调查，真实开展研究

只有经过真实的调查实践，才有助于研究的开展，下笔撰写才能有底气。而数据的由来并不是无中生有的，需要在下笔撰写前进行一系列前期准备：根据调查方向、调查内容、调查目的制作调查问卷。问卷的数据要考虑真实、多元、有效，有助于下笔撰写出的成果也具有更准确、更严谨的参考价值和意义。在深入实践的过程中，也要关注实践过程的拍照记录，为案例提供佐证。

（2）精心制作，有效推动研究

图表的类型多样，在制作时应选用最适合的类型助力研究，如设计论文框架图，是对论文全文观点的高度凝练，往往让人一目了然，方形并列进阶、圆形向外扩展、上下持续推进、三角紧密关系等类型，各有特点；分布占比图、频数分布图、项目比较图、时间序列图、散点图、气泡图、雷达图、树状图，则从多维比较、比例构成、分布情况、对比区别、发展趋势、变量趋势、数据属性、数据关系等多个角度进行数据分析和呈现；横排表格和纵向表格，也从内容上进行多维分析，总体来说，横排表格更加侧重于并列关系的呈现，而竖排则更能体现进阶、提升趋势。

精心制作图表，为全文锦上添花。在制作时，还应关注文字简洁明了、色彩适切、对比突出、图文结合等。在图表中应呈现最主要的内容和数据，以直观展示为目标，切忌文字多、字体小等看不清楚的问题。色彩选用要适切，可以采用同一种色系不同深浅度的颜色，也可以选用统一明度标准的不同颜色。若有需要特别强调的部分可以通过字体、颜色、图形等变化加以突出。当然也要注意，光有图表还不够，还应结合图表进行相应的文字阐述。

（3）注重排版，清晰展现研究

图片、表格、文字三者相辅相成，文字对应的图片和表格应紧密结合，因此在行文过程中，教师还要特别注重排版，避免文字和图表不相吻合，让读者看不明白，功亏一篑。图片在插入时可以选用"紧密型环绕"格式，居于文字的右侧，或是"上下型环绕"格式，居于文段之间；表格在插入时则需关注表格属性，在"文字环绕"一项中选择"环绕"。插入之后还需留意图表的大小、是否跨页等。

3. 逻辑关联，行文要规范

（1）罗列提纲，强调逻辑关系

从研究缘起展开调查（包括研究背景、研究意义、研究内容），到实践举措、成果成效，研究路径应一脉相承。通俗来讲，即因为什么、展开了什么实践、通过此类实践取得了什么成效，三者间的逻辑严明清晰，切不可文不对题、逻辑缺失或错误。

（2）提炼关键，致力表达清晰

好的凝练，能使文章脉络清晰、观点扼要简明，读者读起来思路顺畅、毫不费力。教育成果在下笔撰写时，还需将经验、观点加以提炼，以关键词、关键句的方式来进行阐述。抓住要害，力求观点提炼准确；文字务实，以通俗易懂的文字进行阐述，而不追求华丽的辞藻；连贯清楚，关键词、关键句之间也应注重前后连贯、衔接呼应、表达清晰。

（3）以点带面，精选案例佐证

以简明扼要的关键词、关键句为"点"，以理论结合下的实践案例为面，以点带面完成撰写。在案例选择时，教师常常犹豫不决，都是花了心血实践而成的案例，难以取舍。在选择时不能面面俱到，要精选关联度强、说明性强的优秀案例进行佐证。因字数有限，还有必要进行浓缩，行文时以观点和理论为主导，案例只起辅助作用。

（4）通读全文，审阅行文统一

在撰写文章主体后，还应把全文仔细通读一遍，审阅行文前后的逻辑、用词是否一致。教师在撰写的时候，最容易犯的问题就是用词随意，审查出不恰当的用词、标点、逻辑。若以严谨的态度对待成果，成果也将更臻于完满。

（5）细读要求，确保格式正确

万里之行即将到达，就算到了最后一步也不可松懈。若是有相关文件、说明的要求，撰写完毕，还应当细读要求，把要求中说明的每一个细节都落实到位，确保行文格式正确，以免因"低级错误"影响整个成果，前功尽弃。

专题五
励新：求索探真做勇者

在当今充满变革与挑战的教育环境中，教师在勇于创新和探索的过程中摸索前行，不畏艰险，不满于现状，积极拓展自己的思维边界，不断挑战自己的舒适区，以更高的标准要求自己，从"教书匠"成长为一个"研究者"，形成一种新的充满活力的教师职业生活方式，引领更多教育同仁探索前进。

求索，是我们在知识的大海中寻找方向。在这个信息爆炸的时代，我们需要不断学习和思考，寻找适合自己的道路；探真，是我们在实践中寻求真理。真理往往隐藏在困难和挑战之中，需要我们勇敢面对现实，深入实际去探寻；做勇者，是我们在成长中不断挑战自我。每一次的进步，都伴随着风险和挑战。只有具备勇气，我们才能在挫折面前不屈不挠、勇往直前。

在人生的旅途中，我们都是探索者，不断追求新知识、新技能，努力成为更好的自己。在这个过程中，励新成为我们前行的动力和支撑，而教育则是推动社会进步和个人成长的重要力量，这需要教师敢于挑战传统观念，积极探索新的教学方法和策略，不断追求真实的教育方法，积极塑造自己的教学智慧。

主题 1

做转变思维的先行者

思维方式比一个人的知识和能力更重要，它将极大地影响我们的生活和工作水平。教育领域正面临日益复杂的变革和挑战，传统的教学方法可能无法满足现代学生的需求。我们教师要看到变革的必要性，并积极寻求新的教育方法和策略，以适应不断变化的教育环境。思维转变能够打破旧的思维定式和模式，鼓励我们构建新的教育理念，研究新的教育方法，通过反思、重新评估和调整观念，我们能够对自身的教育教学知识和经验进行更新和扩展，从而不断发展和进步。教师思维方式的转变是教师获得专业成长的先决条件，这要求我们打破固有的思维模式，跳出思维舒适圈，做转变思维的先行者。

专题五 励新：求索探真做勇者

一、转变教育观念，践行教育改革

教育在不断变革，结合现有的教育实际，教师在深刻思考：我们应该转变教育观念，适应和践行教育改革，积极看待教育的变革与发展。从"知识本位时代"走向"核心素养时代"，是教育发展和社会进步的必然，教师是落实这一"根本"的主力军，打铁还需自身硬。我们必须转变教育观念，成为教育改革的弄潮儿，多维度提升自己，才能适应和践行教育改革，才能确保教学改革的正确方向和深度推进。

1. 以核心素养为载体，推动学生全面发展

世界正在飞速发展，仅靠增加知识性、事实性学习已经不能满足社会和个人发展的需要。发展学生的核心素养顺应时代要求，对学生的全面发展进行了能力和品格维度的具体化要求，给"五育"的培养任务提供了可操作的指导。核心素养是现代教育的重要目标之一，它强调学生在知识、能力、情感和价值观等方面的全面发展。我们的教学理念需要从注重知识传授转变为关注学生的综合素养培养。

义务教育新课标的出台给教师的教学提出了一个核心任务：让核心素养落地。如何落实这一点，从而推动学生全面发展？教师通过多学科综合教学、项目化学习等方式，培养学生的批判思维、创新能力、合作精神和跨学科的学习能力。以丰富的活动为载体，实现在活动中育人。在教学过程中，我们更注重培养学生的实际操作能力，并鼓励学生通过实践和实验来巩固所学知识。我们关注评价改革，用多样化、过程性评价方式来促进学生的学习。这种全面发展的教育理念能够培养学生的综合素质，提高他们适应未来社会和职业发展的能力。

很多学校和教师已开始思考如何发展学生的核心素养，例如杭州市文海教育集团的教师正是这样的一群人。

在实践研究中，他们发现不同学科课程标准，将核心素养的落地不约而同地聚焦于思维能力的提升与培养上。于是大家立足于新课程改革，基于思维型教学

理论，以核心概念为统领，在教学实践中以"教学评"一体化推进思维型单元教学。之后为了深度推进新课改，学校将研究的重心定位于学科思维，以核心概念统领下的单元教学为载体，在各学科中落实学科思维的培养。通过听专家讲座、阅读书籍、假期研修，教师获得了成长。不同学科成立研究团队，团队之间分工合作，通过打磨样板课、形成课例，共同研讨，不断改进，让成果持续迭代升级。

从思考核心素养落地，到聚焦思维能力的提升与培养，再到各学科形成课例，这个过程正是杭州市文海教育集团教育观念转变并落地的体现。

2. "以生为本"为准则，尊重学生个性发展

教育改革的核心之一是将学生放在教育的中心位置，并充分尊重他们的个性发展。在传统的以教师为中心的教育模式中，学生被动接受教师的教导，学习过程缺乏主动性和创造性。然而，教师也认识到，每个学生都是独特的个体，有着不同的兴趣、能力和学习风格。

在以生为本的准则下，教师关心关爱每个学生，关注每个学生的个体差异，为他们提供个性化的学习支持和指导，如灵活运用不同的教学方法和策略，以满足学生的学习需求，并为他们创造积极的学习环境。我们用欣赏的眼光看待学生的进步，鼓励学生发挥自己的创造力和想象力，尊重他们的独特观点和表达方式，发现学生的长处，帮助他们充分发展自己的个性，扬长避短，树立信心。

一位省级名师就是将"以生为本"贯彻在自己的整个教学生涯中。如果让她介绍班级中的40位学生，她能滔滔不绝、一针见血地说出每个孩子的性格、爱好、特长等：某同学不爱说话，性格内向，但是画画极好，所以绘画比赛可以鼓励她去参加；某同学有多动症，总是和其他同学发生矛盾，但是他性格单纯，吃软不吃硬，所以不能和他硬着来……正是基于对学生的全面了解，所以她总会及时发现学生的点滴进步和每个闪光点，不同的学生用不同的教育方法，毫不吝啬自己的夸赞，用"光荣榜"激励学生不断挑战自己。我们身边像

这样的受学生爱戴的好教师还有很多，他们必然是能因材施教、尊重学生个性的教师。

3. 以关爱学生为核心，关注学生身心发展

作为教师，我们不仅关注学生的学业发展，还应该注重他们的身心健康和全面发展。关爱学生并关注其身心发展是教育工作中非常重要的方面。学生是教育的主体，他们的身心健康与发展对于其学业成就和终身发展具有重要的影响。

近年来，学生心理健康问题越发突出，这更需要我们建立良好的师生关系，将关爱学生作为教育工作的核心。我们关注学生的情感需求，积极倾听学生的心声，了解学生在学习和成长过程中可能面临的各种情感问题，如焦虑、压力、挫折感等，并提供必要的心理支持。我们通过建立良好的情感支持系统，如倾听、理解、鼓励和提供指导，帮助学生调适情绪、建立积极的情感态度。我们可以开展心理健康教育课程，通过心理辅导、班会活动、家校合作等方式，帮助学生认识和处理自己的情绪和压力，提升心理素质；帮助学生克服困难和焦虑，培养他们的情商和人际交往能力。

同时，关注学生的身体健康也是十分重要的。学生的身体健康是其学习和发展的基础。我们要不断鼓励学生积极参与体育锻炼，并提供健康的饮食指导。我们不仅仅是知识的传授者，更是学生的引路人和人生导师，为他们提供全面的成长支持，促进他们在学业上和生活中健康发展。

二、更新教学方式，促进有效学习

师者，传道授业解惑者也。教师最重要的功能就是引导学生学习，促进学生的发展与成长。我们是教学一线的主人，应该学会从思想的提供者转变为思想的促进者，这将带来教学核心的改变，从而促进学生有效学习。

1. 深入探究：解决教学问题

对教学过程中出现的教学问题，我们需要进行深入洞察和分析，并对能有效解决问题的教学行为进行判断和选择。杜威认为："一切探究都是从一个问题的

情境出发的，而且这种情境不能用它本身来解决它自己的问题。只有把这个情境本身没有的材料引进这个情境之后，这个发生问题的情境才转化为一个解决问题的情境。"我们可以从教学情境中的问题出发，通过对教学中出现的问题进行思考、质疑、分析和解释等，剥开教学问题的表象，运用自己的教学理念和经验知识对遇到的教学问题进行抽丝剥茧的剖析，最终完整地解决教学问题。当我们能用探究思维来解决教学问题时，我们就能让自己的教学能力有所提高，对于教学问题有更深入的认知。

一位特级教师在教学中发现习作教学"目标分年段定位，习作教学内容分单元编排的模式概括性有余、具体性不足，导致习作训练存在凌乱无序，各年级、各单元教什么、怎么教、教到什么程度不明确"等问题，于是她展开研究，分年级、分单元构建起练笔体系，细化了课程标准习作目标，厘清了各年级、各单元训练重点，并科学设计随文练笔内容。结合具体课例，绘制习作五大类型的思维导图，整体规划、形象呈现了小学阶段所需掌握的表达方法。正是这种深入探究的精神促使她在教学中不断精进，不断成长。

2. 不断创新：彰显教学智慧

作为教师，创新是适应变化的必要条件。创新型教师能够更好地应对新兴技术、新的教育趋势，并将其融入教学实践中，以满足学生的学习需求。传统的教育模式往往以教师为中心，注重将知识传授给学生。而创新型教师可以通过采用多样化的教学方法和资源，激发学生的学习兴趣，提高他们的参与度和主动性。在技术上，利用现代技术和信息通信技术，如智能设备、教育软件、在线学习平台等，将多媒体和互动元素引入教学过程中，提供更具吸引力的学习体验，这样可以增加学生的参与度和兴趣。在教学方法上，我们根据学生的个体差异和学习风格，将课程和学习活动进行个性化设计。通过了解每个学生的需求、兴趣和能力，教师可以提供符合学生特点的学习材料、任务和评估方式，激发学生的学习动力和积极性。还可以以问题为导向，引导学生通过提出问题、调查、研究和解决问题的过程来主动构建知识；或是将不同学科的知识和技能进行整合和联系，帮助学生构建综合性的学习视野。通过创新的教学方式，学生更可能获得积极的学习体验，并取得更好的学习成果。

每个学生都有各自独特的学习风格、兴趣和需求。创新型教师能够采用个性化、差异化的教学策略，满足学生的不同学习需求。通过创新的教学方法和技术，教师可以更好地了解和应对学生的需求，提供更加个性化的学习体验。创新型教师是教育改革和发展的推动者，他们致力于通过实践和研究，探索和验证新的教学方法、技术和模式，为教育改革提供有效的实践经验和理论支持。

全国优秀教师、江苏省特级教师谭长存工作的第一站是一个农村小学。这里教师老龄化严重，教学理念落后，教学方法陈旧。谭老师并不照搬原先的教学方式，而是站在儿童的立场，用4个课堂教学策略把课堂玩转起来：问题导学，自主建构，领悟运用，反思内化。从未有过的教学方式让学生大开眼界，生动的课堂也消除了学生的厌学情绪。从此之后，谭老师开始了自己的教学创新和研究之路，比如先把要学习的内容及学习提纲整理好，写在小黑板上，于前一天挂在教室里，然后让学生充分、自由地去准备；在第二天的课堂上，让学生走上讲台当小老师；再如用学程导航图引导学生自主学习。面对个性化的学生，谭老师不断研究个性化的教学策略，摸索出"合作探究式"课堂教学，又构建了具有自己独特教学风格的核心素养新课堂——"学本情智"课堂，提出了有着自己独特认知理解的快乐学习新主张——"童心数学"教学。

二十七年如一日，谭老师深耕课堂，用创新引领儿童幸福成长；潜心学习悟成长之道，用执着书写教育人生之路。

3. 学会批判：改进教学内容

照本宣科的教师是肯定不受学生欢迎的。所谓批判性教育，就是在教学中，对文本有自己深刻独到的解读，不以教参或前人的解读为依据；并且能够在教学中采取有效的策略加以训练，把这种批判性思维有意识地传递给学生，真正培养学生的思维能力。我们在教学中，对教学现象或教学结果进行质疑、否定、重建。教学具有鲜明的过程生成性和不确定性，教师在教学中时常面临不确定的事实，也会遭遇不合理的现象；而且教师由于自身信念和行为的偏差也会人为地制造出一些教学矛盾，如设定的教学目的违背教学现实、设计的教学方案脱离教学条件、实施的教学过程背离教学需要等。这就需要我们用质疑的眼光审视这些既存的事实或现象，主动地发现事实、现象或行为中的问题和缺陷，以理性谨慎的思考否定和反驳不合理的事实、现象和行为；同时用正确的教育理论构建对事实、现象和行为的合理认识，从而使自己的认识和行为获得改造和重建。批判性思维不仅运用在教学方式的改变上，我们也用批判性思维对评价方式进行思考、探索和认识。扭转不科学的教育评价导向，改进结果评价，强化过程评价，探索增值评价，健全综合评价，充分利用信息技术，提高教育评价的科学性、专业性、客观性。

发展教师自身的批判性思维品质，营造有利于学生思维发展的学习氛围；运用批判性工具解决教学实际问题，能提升教师自我反思能力等思维品质；批判性思维是科学探究的重要工具，是教育中的解放力量，是个人和社会生活中的有力手段。

三、改变身份认知，推动教育研究

我们不能满足于当一个教书匠，我们要知道自己是谁、自己生命的目的和意义；要不断地研究自己，并在研究和成长中赢得自身认同和自身完整，成为教学的研究者。"做研究就是从'匠'走向'家'的最好途径"，研究是促进教师专业成长的有效途径。

1. 把失败当作成长的基石

要成为教学的研究者，就要能坦然面对研究中的失败。任何研究都不是一蹴而就的，而是思考、探索、尝试、推翻、反思这一过程的循环往复。我们要在这个过程中不断反思与学习：失败为学习提供了宝贵的机会。当遭遇失败时，我们就有机会反思自己的行动和决策，了解失败的原因，并从中吸取教训。通过分析失败的原因，我们可以更好地认识自己的能力和不足，在研究不断失败和迭代的过程中，尝试不同的方法，发展新颖的想法，并在面对挑战时展现创造性解决问题的能力，获得更精准和更有深度的研究成果。失败并不代表无望或终点，而是一个可以学习和成长的过程。任何人的成长都不可能一帆风顺，优秀的教师往往具备很强的心理承受能力。通过接受失败并努力克服困难，我们也能够培养积极的心态和抗挫折能力，进一步发展自信和坚韧的品质，同时，这种品质也能传递给我们的学生。

著名特级教师薛法根，也曾提到他年轻时讲过一堂失败的公开课。那节课非常重要，学校还邀请了三省一市的专家和领导来听课，但他讲砸了，砸到自己都不知道怎样走出教室的。他强调，这次失败带给他很多教益，暴露出的问题让他真实地、彻底地了解了自己，失败让他拿出了从零开始的勇气，失败让他静下心来沉浸到再研究中去。每次谈及自己的成长经历，薛老师都会说起那次失败。

我们读过很多名师的故事，很多教师提及自己曾经在教学或研究中的失败时说，如果他们在一两次的失败面前就退缩了，也就没有后来的他们。正是他们的好学、勤奋、孜孜不倦的追求和不惧失败的勇气最终成就了他们。

2. 以育己作为育人的前提

教育重要的不是言传，而是身教。作为教育者，我们总是希望自己的学生能够拥有优秀的学习品质，但是说一千道一万，不如让自己先成为学习型的教师。教育不仅是传授知识，还包括影响学生的价值观和态度。通过自己的语言和行为榜样，我们能够营造积极向上的教育氛围。如果我们自己没有进行自我育人和修炼，只是口头上教育学生要有优良的品德，则很难产生真正的影响力。

教师自身需要不断地学习和成长，以提高自己的专业能力和知识水平。只有通过持续的自我教育，我们才能为学生提供更好的教育和指导。通过不断地提升自己，我们能够更好地应对教育中的挑战，并为学生树立良好的榜样。

教育研究者不仅要有行动，而且要掌握基本的教育理论，有自己的教育信念，更要研究教育行动的理论与哲学。在教学实际中收集每天都在不断遇到的问题和需要解决的问题，再聚焦研究主题，把实践经验提升到理论高度，丰富自己的实践和理论经验。

3. 让坚持成为钻研的日常

研究型教师应将持续学习和研究置于教育工作的核心位置，并将其视为日常的一部分。我们应该具备持续学习的态度，不断更新自己的知识和专业技能。这可以通过参加培训课程，读取教育相关的书籍、期刊和研究论文，参与研讨会和学术会议等方式实现。养成每天学习一点新知识的习惯，将学习当作自己的责任和使命。

教育钻研的日常包括对于教育问题进行深入研究与思考。我们也可以选择一个特定的领域或课题，进行系统的研究，探索新的教学方法、教育理念、教育政策等。通过实证研究、案例分析和实践探索等方式，将自己的教育经验与学术研究相结合，不断提高教育工作的质量和效果。

有这样一位从教 27 年的教师，她在每次备课时都做到"钻学生、钻教法、钻考试"。钻学生，从学生的一举一动了解学生精神品质，育人育心，提升学生奋发向上的内生力量；钻教材，向优秀教师学习，两份记录思课堂，一份记录记学生提出来的好问题，另一份记录记自身的不足；钻考试，了解中考对学生的能力要求，把考试要求转化为学生学习能力提升的目标，最终促进学生发展。在日常工作中，她主动参与教学课题攻关，为了攻克一个教学难点，她一研究就是一年。正是这种钻研的态度，她发表的论文、参与课题攻坚教学难点的资料是全校教师中最多的。

让我们携手前行，成为思维转变的先行者、教育事业的励新者，勇敢地面对教育领域的挑战和机遇。通过钻研、探索，我们可以营造一个更美好、更富有激情的教育环境，培养出更有智慧、有品格、有能力的新一代。让我们一起追求真理，开拓思维，引领学生展翅高飞于蓝天！

主题 2

做学会合作的同行者

教育不是一个人单打独斗，而是一项"情感工程"，需要我们一群人去研究，相互分享、相互补充、相互优化。教师通过合作共同学习和分享知识、经验和资源，提升自身的教学水平和专业素养。教师是学习共同体，共同追求卓越和发展，共同提升教育质量，为学生提供更好的教育体验。在教学的路上，我们是携手共进的同行者。

一、勇担责任，当好团队领头人

教学方法的更新、教研成果的迭代，都需要教师和同伴之间相互学习、相互交流。所以教师要形成教学、教研团队，共同学习、共同进步。教学团队中，有着一位或几位核心人物，将大家凝聚在一起。领头人勇担责任，对团队发展进行规划，给予其他教师有效的影响或指导，做出自己的特色，推进教学团队的整体进步。

1. 以身作则，成为团队优秀榜样

团队的领头人，必然在教学领域具有相关的权威。这样的领头人不仅能获得学生认同，也能够获得其他教师的认同。领头人只有具备精业敬业、包容团结、创新图强、追求卓越等优秀的品质，才能实现自我价值，成为团队的榜样，带领团队共同进步。因此，优秀的团队领头人要素质全面，做事、做人都令人信服，自身素养、教学、科研、管理都令同行佩服才行。

作为团队榜样，教师也在持续学习和自我提升。不断寻求新的知识和技能，保持对环境变化的适应能力，并与团队成员分享所学。通过持续学习，我们能够不断发展自己并激励团队成员追求卓越。通过不断学习和进步，展示出在教育工

作上的专业和扎实，在教育和研究方面有自己的思考和实践，激励团队成员争取更好的表现。

教研组长是非常重要也是非常辛苦的岗位，因此许多人对这个岗位相互推脱，不愿担任。一位已经是省级名师的教师却挺身而出，接下了学校这个重担，一干就是十几年。其间，他不仅不断精进自己的教学业务，所带班级成绩一直名列前茅，还以身作则，不断在教育研究上精进。他积极执教优质课，为年轻教师做示范指导，同时反复思考自己在教学中的问题，抽时间自修，借助网络，大量观摩名师课堂实录，汲取营养，不断提高自己的教育教学专业技能。撰写读书笔记和论文10余篇，每年都有文章发表和获奖。这样能把本职工作做好，靠扎实的专业水平服人，靠优秀的教学成绩带动人的教师正是一位优秀的团队引领者。

展现积极的态度是成为团队榜样的重要基础。都说教师是最容易有职业倦怠期的职业，教学压力大，任务繁重。但是我们能够保持乐观，从看似繁复的教学工作中发现惊喜，不仅能以自身积极的态度面对教学工作中的挑战和困难，对待学生、教学和团队任务充满热情，身体力行地推动团队向前发展；同时能以身作则，鼓舞团队不断钻研进取。

2. 完善制度，推动团队高效运行

"没有规矩，不成方圆"，优秀的领头人就像班主任，让团队中的每个教师都发挥自己最大的价值。为了推动团队的高效运行，领头人也在加强团队制度建设。根据团队的实际制定出可操作性强的管理制度和评价体系，并加以实施，严格执行，激励团队中的每个教师保持干劲儿。就像很多名师工作室，名师负责主持"名师工作室"的工作，把握如制定工作室制度、学年度工作计划和成员培养方案等大方向。在团队中，还需要骨干教师协助进行过程管理、教学指导等。团队成员则需要分工进行学习计划制订，研究项目及课题撰写等。

完善制定中，落实监督评级体系是重中之重。健全的评价能有效促进教师的成长和发展。从构建教师团队坚实的专业知识、专业能力、职业幸福感等维度，

通过自评和他评等方式进行自洽。在完善专业知识体系方面，通过团队间研读教材、备课分享、跟踪听课、请高年段或低年段教师交流等过程跟踪的方式对团队教师的专业知识掌握情况进行评价。从表达能力、师生关系、责任精神等方面对教师专业能力水平进行评价。在教师职业发展方面，从重塑教育理想、积极参与学校管理、努力提升自己的表率作用等方面进行评价。正如在教学中，评价是激励学生自主学习的手段，团队中的评价也是激励我们丰富专业知识、提升专业能力、增强职业幸福感的方式。

3. 诲人不倦，带领团队不断成长

作为领头人，我们有责任也有义务带领团队不断成长。当要激发学生学习兴趣的时候，我们要给予学生适当难度的学习挑战，鼓励学生不断尝试。当要激发团队教师的成长和发展，创建一个学习型的团队文化时，我们则是给予团队教师持续的培训和发展机会，如工作坊、培训课程、研讨会等，帮助团队中的教师不断学习新知识和技能。在适当的时候提供新的责任和项目，鼓励成员不断学习和提升自己的技能。

团队领头人还是团队成员的导师，我们定期与团队成员进行个人会议，对这一阶段教师的教学科研等方面的成长提供积极的反馈和指导。引导和帮助他们识别自己的强项和发展领域，并制订个人发展计划；同时，给予团队教师必要的支持和资源，在实践中帮助他们不断进步。通过定期的教研会议、听课磨课等方式，教师分享彼此的经验和学习，促进团队内部的协作和共同成长。鼓励团队教师勇于创新和尝试新的方法，提供支持和资源，让他们不怕失败和犯错，从中学习并成长。很多年轻教师不敢进行论文或课题的撰写，我们就需要提供方法支持，如开展讲座、组织经验分享等方式，鼓励他们将教学中的思考形成文字。

正如我们都熟悉的曹爱卫老师，她在成立名师工作室后，积极承担工作室领头人的责任。她督促工作室的成员锻炼基本功，提高自身素养；她要求工作室成员坚持三笔字练习，定期展示成员三笔字作品；同时她也组织成员开展教学科研培训、教师基本功培训等一系列研修活动，为成员提供上公开课、进行交流研

讨、经验分享的机会。在曹老师的帮助下，工作室中的教师潜心钻研、交流互助、携手共进，都收获了累累硕果，在一次次的实践中获得了成长。

二、忠于职守，当好团队螺丝钉

在团队中，我们要对自己的教育教学工作和职责有着高度的责任心和敬业精神。对于分配给我们的所有任务，我们不因困难或挑战而退缩，始终以团队和组织的利益为重。螺丝钉虽然小，但是在装配过程中可以紧固各个部件，起到稳定和加固的作用。我们都是团队中的一颗螺丝钉，一起肩负并完成任务，并且能有效地协调和配合其他教师，推动整个教学团队的进步和发展。

1. 做谦虚的好学者

教师是需要终身学习的，所以在团队中，我们要做谦虚的好学者，始终保持谦逊的态度，不自大或傲慢。我们尊重其他教师的认知和教学经验，虚心接受并倾听其他教师的意见和建议。我们怀有终身学习的态度，不断追求新的知识和技能。不管是年轻教师还是年长教师，他们的身上都有值得我们学习的地方。我们向老教师学习丰富的教学、班级管理、家校沟通等方面的经验，也向年轻教师学习现代技术在教学中的运用，了解年轻人的所思所想，以此获得更多、更有效的管理方式、教学手段，这可以帮助我们拉近和学生之间的距离。

面对许多的培训、教研和专业发展机会，我们积极参加，与同事分享学习成果，通过合作来互相学习和提高。我们总说教学相长，这也适合团队中相互学习的教师。对于其他教师的反馈，我们持开放态度，愿意接受其评价和建议，从中寻找改进的机会。将批评当作自己成长的机会，常常进行反思和自我评估，思考自己的优点和不足，努力寻找解决方案来提高自己的表现力，不断提高自己的专业素养和教学能力。

一位非常年轻的教师，她只要一有时间，就去其他教师的课堂听课学习，不仅听课，同时对自己的课堂教学进行比较和反思，思考自己的优点和不足，不断精进自己的教学能力。她也经常默默地观察其他教师在教学和管理中的方式、方法，有疑惑大胆提问，根据自己的实际进行运用。多听、多看、多问、多做，带着这样的态度，这名教师也迅速成长为市级"教坛新秀"。

2. 做积极的思考者

苏霍姆林斯基在《给教师的一百条建议》中指出："那种热爱自己的事业而又善于思考的教师，才有力量使教室里保持肃静，使儿童特别是少年和青年用心地倾听他的每一句话，才有力量激发学生的良心和羞耻心，这种力量才是一种无可争议的威信。我们依靠思考，也只有依靠思考，才能驾驭年轻的心灵。我们的思考能点燃学生的学习愿望。我们的思考能激发学生对书籍的不可遏止的向往。"当团队进行研讨时遇到问题，我们要善于思考问题的本质和深层次的原因，并寻求解决方案，积极参与团队的讨论，独自埋头苦干是无法获得成长和进步的。在分析过程中，对收集到的信息进行分析和评估，再进行思考、质疑和挑战。例如在教研中，教师对课程材料、学生表现以及教学策略等进行深入分析，从中挖掘潜在的改进点，并参与团队的讨论和交流。在分享自己的观点和意见的过程中，形成共思共学。

有一位教师，因为善于不断思考，便迅速成长为一位名师。早在 2015 年，她就在思考，如何让英语课堂更具交互性、情境性。所以她积极探索信息技术与英语学科的融合应用，自制了许多微课，大胆探索翻转课堂。后来她参加优质课比赛时，发现课本中的知识内容单一、具有局限性，所以又创造性地将英语绘本运用到小学英语课堂中，丰富了课堂内容。当新课标出版后，她马上又投入新课标的研究中，积极思考新课标中提出的跨学科理念，进行"英语+数学"跨学科教学设计实践。每一次教学成果、教学实践的改进，都是她不断思考、积极完善的结果。

3. 做勤奋的实践者

教师面对所发现的学生学习困境，以及自己在教学中所面临的瓶颈性问题，从中深刻地体会到自身在专业能力方面的欠缺，在团队帮助下，有效地进行学习和研究。为了解决这些问题，我们通过读书、请教、研讨、反思、写作等方式进行研究。

随着在学科本质方面越来越深入的研究，我们对教学的理解和研究也不断深化，我们就不再是亦步亦趋的跟随者，而是积极的实践者。我们渴望突破原有的教学模式，进入一种新鲜且具有挑战性的新的教学状态中，通过对教学内容、教学方式等进行创新性的探索，在不断的实践中产生创新性的成果，开创自己独特的教学风格、教学理念、教学范式。我们真正告别了机械执行外部教学任务的"教书匠"发展模式，走上了自主探索的"课程创造者"发展模式，从而成为一位"实践取向研究者"。

当我们勤于实践后，我们能改进自己的教学方法，让自己的教学更生动、更有效、更扎实，帮助激发学生的潜力，帮助他们在学习和发展中取得更好的成绩。看到学生获得更好的成就，自己的思考形成了丰厚的成果，随之而来的便是无尽的满足，这不正是我们身为教师的幸福吗？

三、相互成就，当好团队协作者

一人难挑千斤担，众人能移万座山。一个团队的成长必须是携手共进，而不是独自前行。团队的发展始终是合唱协奏，而不是单音独奏。国家复兴的辉煌巨制也需要一群人由内而生迸发的凝聚力。正所谓"孤举者难起，众行者易趋"。我们身边就有这种团结协作的名师典范，他们善于合作、勇于合作、精于合作。

1. 尊重理解，认真倾听

团队中，我们彼此承认和尊重对方的专业能力和经验。每个教师都具有独特的知识和技能，相互尊重可以促进知识的分享、经验的交流，从而提升整个团队的教学水平。每个教师都有自己的观点和看法，通过相互倾听和尊重，可以促进良好的沟通和合作，从而形成多元化的教学理念和方法。而在一个相互尊重的环境中，我们感受到彼此的支持和认同，积极的工作氛围将促进创新和共同发展，有助于打造良好的工作环境，提升团队的凝聚力和合作性。在教育团队中，会遇到各种挑战和困难，相互尊重和合作是解决问题的关键。教师可以相互支持，共同寻找解决方案，以达成共同的目标。当攻克教学难题、解决教学问题后，通过相互赞赏，团队的凝聚力大大增强，并激励其他教师持续地提供高质量的教育。

2. 善于沟通，相互信任

有效沟通是团队共进的基础。优秀的教师都具有良好的沟通能力，这保证了团队内部建立起畅通、清晰的信息传导渠道，包括对团队成员意见、需求等的倾听和接收，便于团队带领者能够及时、准确地传达和调整相关管理决策和指令。

不管是在教学中，还是在阐述观点时，都能够清晰地表达自己的想法、教学目标和要求，以确保其他人能准确理解，避免产生不必要的误会。倾听和尊重学生、学生家长和教师的观点和意见，了解他人的问题和反馈，关注同伴的建议。善于沟通的教师灵活运用多种沟通方式，以满足学生的不同需求和学习风格。我们还运用口头和书面的方式交流，使用图像、示范和实物来帮助学生理解概念，利用技术工具和平台促进学生与家长和教师之间的互动。

3. 各有所长，合作共赢

每个教师都有其独特的才能、经验和特长，可以通过合作互补的方式共同提升教学效果，共同促进学生发展。教师来自不同的学科背景和专业领域，拥有各自的专业知识和技能。通过团队合作，我们可以分享彼此的专长和经验，相互借鉴和学习，提升整体的教学质量。每个教师都有其独特的教学风格和方法。一些教师擅长启发式教学，一些擅长项目式学习，还有一些擅长故事讲解等。教师通过合作，可以相互了解不同的教学方法，选择适合自己和学生的最佳教学策略，从而提供更全面和多样化的教学体验。同时在跨学科教学中，教师各有所长，可以提供专业知识和解决问题的不同角度。例如，在 STEM 教育中，数学教师可以提供数学概念，科学教师可以提供科学实验和现象，工程教师可以提供解决问题的方法。我们的合作可以帮助学生更好地理解综合性的课程内容。

每个学生的学习需求和能力不同，教师可以根据学生的差异提供个性化的教学和支持。通过合作，教师可以共同分析学生的学习情况，分享有效的个性化教学策略，并共同评估学生的学习成果，以便更好地满足学生的学习需求。通过分享成功经验和面对挑战的策略，我们互相鼓励和支持、共同成长和进步，提升整体的教学质量，促进学校的发展。

主题 3

做构建课程的践行者

在教育的大舞台上，教师是构建课程的践行者，他们用心灵的火焰点亮学生的求知之路，用激情和信念点燃学生内心的希望之光。在新时代，知识的更新速度日新月异，人才培养的要求也越来越高。在这样一个快速变化的时代，如何构建富有创新思维和实践能力的中小学课程，成为教育工作者面临的一项重要挑战。

2023 年 5 月，教育部办公厅关于印发《基础教育课程教学改革深化行动方案》，该行动方案的出台体现了教育部高度重视基础教育课程教学改革工作。作为基础教育课程构建的践行者，教师肩负着培养未来社会精英的重任，仅仅传授知识已远远不足，教师需要将知识与实践相结合，培养学生解决问题、创新思维和合作精神等综合能力。因此，教师致力于构建一套富有活力、多元化的课程，旨在让每个学生都成为积极思考、自主学习和实践探索的践行者。教师的课程构建实践，从学科知识的传授转向学生核心素养的培育，从单一学科到跨学科，教师鼓励学生在真实情境中解决问题、探究问题。教师强调兴趣驱动学习的概念，为学生提供丰富的学习资源和体验机会，激发他们的想象力和创造力。同时，教师要注重培养学生的团队合作精神和社会责任感，通过小组合作、社区互动等方式，培养学生的沟通能力和社交技巧。

一、回应时代的需要，做课程的设计者

回应时代的需要，做课程的设计者是当今教育界面临的一个重要挑战。课程

的设计需要注重与时俱进，能够满足学生未来职业和生活的需要。作为课程的设计者，教师需要不断更新自己的知识和技能，了解最新的教育理念和教学方法，并将其应用到课程设计中。同时，教师还需要密切关注学生的需求和反馈，及时调整课程内容和教学方式，确保课程能够有效地激发学生的学习兴趣和动力，提高学生的学习成果和综合素质。因此，回应时代的需要，做课程的设计者是教师义不容辞的责任和使命。

1. 紧扣课标，顶层设计课程

2022 年 3 月，教育部印发义务教育课程方案和语文等 16 个课程标准（2022 年版）。新修订的义务教育课程以习近平新时代中国特色社会主义思想为指导，落实立德树人根本任务，强调育人为本，依据"有理想、有本领、有担当"时代新人培养要求，明确了义务教育阶段培养目标。作为一名构建课程的践行者，教师首先要紧扣课标，将其作为教师设计课程的基本依据。课标代表了教育部门对学生学习的要求和目标，教师必须对其有深入的理解，并将其应用到教师的课程设计中。通过顶层设计，教师可以确保课程的逻辑性和连贯性，使学生在学习过程中能够有效地建立知识框架和技能体系。

通过深入研究课标，教师能够理解学生需要学习的核心知识和能力，从而设计出与时代需求相匹配的课程。在顶层设计课程的过程中，教师要考虑学科之间的关联性，将相关知识进行整合，为学生提供一个有机的学习体系，以应对不断变化的时代挑战。

2. 结合校情，探索育人途径

每所学校都有其独特的校情和特点，教师应该深入了解学校的实际情况，并结合校情来探索育人的途径，结合学校的育人目标、校训、学风，以学校历史文化为背景构建课程体系。与此同时，教师需要了解本校学生的学情、兴趣爱好和学习风格，以便为他们量身定制适合的课程。通过调查问卷、个别谈话、观察等方式，了解学生的学习需求、兴趣爱好、学习风格等方面的信息，为课程设计提供依据。在实施课程的过程中，及时收集学生的反馈意见，反思自己的教学效果，根据反馈结果进行调整和改进，不断提升课程的质量和效果。

通过关注学生的全面发展，如社会情感能力、创新能力和实践能力等方面的培养，教师能够为学生提供更贴近实际的学习经历和成长环境。教师还可以通过与学校其他教师和专家的合作，共同探索育人的途径，开展多元化的教学活动和项目实践，帮助学生全面发展和提升综合素质。

3. 挖掘资源，丰富课程内容

作为构建课程的践行者，教师应该不断挖掘资源，丰富课程内容，为学生提供多样化的学习体验。教师可以通过利用有趣的教学工具和技术，如互联网、实践活动和社区资源等，拓展课程内容，激发学生的学习兴趣和主动性。同时，教师也可以通过与外部合作伙伴合作，邀请专家、学者来校园授课，为学生打开更广阔的知识视野，培养学生的综合素养和跨学科能力。除此之外，教师要善于挖掘各种资源，丰富课程内容，使学生能够接触到更广泛、更深入的知识和信息。教师可以利用图书馆、网络等资源，寻找有价值的教学材料和案例，使课程更有实用性和实践性。同时，教师还可以邀请行业专家、社区资源和企业合作伙伴来参与课程教学，为学生提供更多的实践机会和职业导向的知识。通过挖掘资源，课程设计可以更加具有深度，从而培养学生的创新思维和解决问题的能力。

杭州市钱塘区文海教育集团小学校长邓华带领团队开发"寻味杭州"课程，依托杭州的悠久历史和文化底蕴，将劳动课程、食育课程与中华传统文化的继承和发扬结合起来。课程以杭州当地饮食文化为主线，比如东坡肉、片儿川、西湖藕饼、西湖醋鱼、龙井虾仁等，让学生通过制作和品味不同美食来体验优秀饮食文化的魅力。通过对本土文化的挖掘，师生一起探访多种杭州美食，了解美食背后的文化，讲述了"寻味杭州"的故事，以此丰富了校本课程内容。

二、培养学生的素养，做课程的实施者

在这个快速发展的时代，学生需要更具挑战性和创新性的课程设计，以满足他们不断变化的需求和期望。作为课程设计者，教师需要紧密关注社会发展趋

势，关注学生的学习兴趣和需求，以及时调整课程设计和教学方法，使之更好地服务于学生的成长和发展。因此，教师应该不断学习、探索和创新，不断适应时代的需要，成为一名真正优秀的课程设计者。

1. 课程整合，促进教学变革

作为一名构建课程的践行者，教师应当注重课程整合，以促进教学变革。传统的学科、单一的教学模式已经无法满足现代学生的需求，因此教师需要将不同学科的知识与技能进行整合，形成有机的课程体系。通过课程整合，教师可以让学生从多个学科的角度去理解和解决问题，培养他们的综合分析能力和创新能力。同时，课程整合也可以帮助学生更好地理解学科之间的关联性，培养他们的跨学科思维和学习动机。通过推动教学变革，教师可以为学生提供更有挑战性和有意义的学习经验。

窦桂梅校长带领的清华大学附属小学团队早在多年前就在全国率先开展"全天候1+X课程"探索，形成了每人一份属于自己的课程设置清单。"1"指优化整合的国家课程，将原有国家课程中的各学科分类整合成五个领域，即品格与社会、语言与人文、体育与健康、数学与科技、艺术与审美；"X"指由"1"生成的儿童个性课程，涵盖学校、学段和学生自选3个维度。其中，"+"不是简单的叠加，而是"1"与"X"的相辅相成达成"1"和"X"平衡的增量或变量。"双减"以来，这套系统化、衔接型的课程打通课内与课外，将课程内容结构化予以丰富、拓展、重构，实现与课内、课外在目标与学习方式的衔接贯通，在内容与形式上加以延展升华，逐步整合为高质量学校一日课堂，为学生一日生活提供了精神营养。

2. 跨学科融合，提升学生能力

跨学科融合是培养学生素养的重要手段，作为课程的实施者，教师应当积极推动跨学科教学。通过跨学科融合，教师可以将不同学科的知识和技能相互结合，提供更广泛和深入的学习体验。跨学科融合可以帮助学生建立更全面的知识体系，培养他们的批判性思维和问题解决能力。通过跨学科教学，教师可以培养学生的创新能力和团队合作精神，使他们更好地适应未来的社会和职业发展。

作为构建课程的实施者，教师应该注重跨学科融合，将不同学科的知识进行连接和整合，打破学科之间的界限，让学生在解决真实问题的过程中进行深度学习，培养学生的关键能力和必备品格。例如，教师可以将数学和艺术结合，通过几何形状和图案的设计来培养学生的创造力和空间想象力。

3. 五育并举，全面发展学生

五育并举是指德、智、体、美、劳的全面教育，教师应当将这5个方面的教育融入课程中。德育是培养学生的道德品质和社会责任感，智育是培养学生的学科知识和思维能力，体育是培养学生的身体素质和团队合作精神，美育是培养学生的审美意识和创造力，劳动教育是培养学生的实践动手能力和生活技能。

作为构建课程的实施者，教师应该注重五育并举走向五育融合，全面发展学生的多方面能力。除了学术知识的培养，教师还应该关注学生的身心健康、社会交往、创新创业以及美育等方面的发展。通过注重课外活动、实践体验和社会实践，教师可以帮助学生发展他们的领导才能、团队合作能力和创新思维。有计划地引导学生参与体育、艺术、音乐和社区服务等活动，培养他们的兴趣爱好和综合素养。

三、注重课程的评价，做课程的优化者

传统的评价方式往往注重记忆和应试能力，以分数评价为主。教师作为课程的构建者，需要探索多元化的评价方式，如等级评价、项目评价、综合评价等，以更全面、客观地评价学生的学习成果和能力。

1. 过程性评价，重视学习过程

过程性评价是一种关注学生学习过程的评价方式。它不仅仅关注学生的成绩，更注重学生在学习过程中的表现、思考和反思。作为一名课程的优化者，教师应该运用过程性评价的方法来了解学生的学习进程，并根据评价结果进行课程的调整。教师可以采用多种形式的评价工具，如日常观察记录、学生自我评价、

小组合作评价等。通过观察学生的互动，了解他们的思考和理解过程，教师可以更好地了解他们在学习中的困惑和需求。这些评价结果将帮助教师发现课程中的不足之处，并及时进行有针对性的优化。

作为构建课程的践行者，教师应该注重过程性评价，即对学生学习过程的持续观察和反馈。通过观察学生在学习过程中的表现、思考和合作情况，教师可以更好地了解他们的学习需求和困难，及时调整教学策略，帮助他们建立学习的自信和动力。

2. 表现性评价，促进素养提升

表现性评价是一种注重学生表现和实际应用能力的评价方式。它强调学生在课程中所展示的技能、知识和态度，并通过实际的表现来评价学生的学习成果。作为一名课程优化者，教师应该充分发挥表现性评价的作用，促进学生素养的提升。教师可以设计一些实际的项目或任务，要求学生展示他们在课程中所学到的知识和能力。通过观察学生的表现，教师可以了解他们在实际应用中的能力和理解程度，并根据评价结果对课程进行相应的调整和改进。这样的评价方式不仅能够帮助学生发展实际应用能力，而且能够提升他们的学习动力和积极性。

除了过程性评价，教师还应该注重表现性评价，即对学生学习成果的评价。通过作品展示、项目报告和口头陈述等多种方式，教师可以评估学生的综合能力、创新思维和沟通表达能力。表现性评价不仅可以促进学生积极参与，而且可以激发他们的学习兴趣和自主探究的能力。通过给予积极的评价和具体的反馈，教师可以帮助学生树立自信心，培养学生良好的学习习惯，并促进其持续成长和学业发展。

3. 数智化评价，构建成长地图

数智化评价是一种基于数据和科技手段的评价方式，它通过收集和分析学生的学习数据，构建学生的成长地图，并根据数据结果进行课程优化。作为一名课程的优化者，教师应该善于运用数智化评价的工具和方法，来了解学生的学习情况，并进行有针对性的优化，利用数据和技术工具来评估学生的学习进展和成长。及时发现问题，并提供有针对性的支持和指导。通过构建学生的成长地图，为学生规划个性化的学习路径，提供个别化的教学服务，最大限度地促进学生的个体发展和全面发展。

在数智化评价中，教师可以利用学习管理系统或其他教育科技工具来收集和分析学生的学习数据，通过在线测验、作业评价、项目展示等方式，结合数据分析和人工智能技术进行深度分析。通过对学生的学习数据进行挖掘和解读，可以发现学生的学习特点和潜在问题，为教师提供个性化的教学建议和辅导方案。

作为课程的构建者，教师的工作充满挑战和机遇，不仅要传授知识，而且要培养学生的创新能力、批判思维和解决问题的能力，还需要引导学生主动参与学习，培养学生的自主学习能力和团队合作精神，在关注学生的综合素质和人格发展的基础上，培养学生的道德品质和社会责任感。作为构建课程的践行者，教师应该不断地探索和实践，积极思考如何将新的知识和技能应用到实际课程中，不断地反思自己的实践，总结经验和教训，以便不断改进和提高。教师作为学生的启迪者和引路人，只有和学生共同推动课程的创新和发展，不断地实践和改进，才能成为一名优秀的课程构建者。

主题 4

做甘于寂寞的修行者

志不求易者成，事不避难者进。时代的重任必将降于斯人也——既有一片赤诚丹心，保持对伟业的热爱，不为世事纷扰，坚守使命；又有惊险一跃、敢于创新育人思路的勇气，既有埋头苦干、甘愿苦苦探索的实干；还有积极探索，将创新的育人理念发扬壮大的决心，探索的步履却仍不停歇，不断推陈出新。励新在路上，修行也在路上。

专题五 励新：求索探真做勇者

一、一片丹心，不为世事纷扰

要想在求真路上做勇者，在创新路上做志者，需追寻梦想不忘初心的热爱，需甘愿平凡不为纷扰的从容，需不畏艰难不舍微末的坚守。

1. 保持对教育事业的热爱

追求源于热爱，热爱成就追求。教师走向讲台，便有着不同的追求，有的教师期望自己能成为孩子们的人生导师，便用爱心、童心、耐心、真心做教师；有的教师希望自己能上得一堂好课，能修炼出自己独到的教学方法，便用刻苦、钻研、磨砺、蝶变做教师……虽然追求的目标方向略有不同，但他们都同样保持一颗对教育事业的热爱之心，甘于寂寞，甘于修行。教师向着光，心存希冀，情系热爱。

对教育事业的热爱是一个人蕴藏的最深刻也最持久的源泉动力。教师也正因为最初的热爱而坚定，因为热爱而坚持。在日常烦琐的工作中，做教师，要学做教学、学习育人、学会沟通、学做科研等，无论初入职场的教师还是有经验的教师，都会遇到大大小小的困难，都要面临多层次、多角度的考验，但是热爱推动着他们学会接纳、学会享受。教师沐着光，心之所向，尽力而为。

不论一个人从哪里开始、起点怎样、经历如何，都会因为内心不变的热爱，从而到达不同的终点，从而使生命有了不同的色彩。平凡的教师，在讲台上保持对传道授业解惑的热爱，能把繁忙的日子过成诗，可以奔赴属于自己的幸福；专业的名师，在修行的道路上始终保持积极探索引领行业的热爱，更能开出繁花，不断为教育事业注入活力，持续见证教育事业的每一次蝶变和升级。教师追着光，心怀热爱，终将到达。

2. 选择平凡

在日新月异发展的今天，在物欲横流的时代，每个人在选择从事行业的分叉口上会面临多种考验、多种诱惑。可以转行当作家、记者，甚至去经商，每一种职业都会带来不同的人生体验或社会财富。能做到心无旁骛、淡定从容，面临选择不为所动，始终坚守自己教育事业的岗位并刻苦钻研不为之动摇的教师，十分难能可贵。

选择做教师，便是选择了每天围着学生转，选择了日复一日地教学，选择了与"平凡"打交道。在平凡的教师岗位上，做着平凡的教育事业，过着平凡的日子，遇到一个又一个平凡的学生。教师虽然选择了平凡，却不为其困扰，能活出自己的精彩，也能不断创新前行。

"做一个力所能及的、最好的普通教师"是一位一线平凡教师的教育名言，保持热爱、永葆初心的她，于一切寻常的工作细节中注入属于她的教育智慧。教育无小事，她总是在细微处做真功夫，比如用全班学生的名字编写一篇妙趣横生的文章；浇树浇根，育人育心，喜爱聆听学生身心成长拔节的美妙声音；致力于打造高品质的班级氛围，给学生编织美好生命体验的过程……把平凡的日子也过成了诗。这样优秀的她，也曾站在人生道路的岔路口上，有机会当一名公务员，有机会走上管理层，但她始终坚定地选择奋斗在教育教学的第一线，做一位有滋有味的幸福教师。

站在教育教学事业的大潮中，一批批教师总是过着清廉与朴实的生活，默默付出，不为名利。他们碌碌而为，并不是因为要取得多少名气或利益，而是希望自己的学生可以更加出彩，希望能更好地让家长满意，希望教育事业更好地发展。

3. 坚守使命

每一位在创新道路上的修行者都执着而奋进。不积跬步无以至千里，不积小流无以成江海；没有持之以恒的坚守之心，则不能达成应有的使命。"成就来源于多年执着的践行。"数学著名特级教师贲友林如是说，创新永远离不开坚实的基础。名师大家都是坚定自己的教育理念，并坚持走下去，才能取得成果的。

作为富有创新精神的修行者，他们并不追求"功成在我"的名和利，却有着"功成必定有我"的使命担当，坚守初心，铸牢"大先生"的责任意识。同一件事坚持一年、两年不难，在一个岗位上坚持几十年、一辈子却不容易；同样，如果同一件事、同一个岗位多年执着地坚守着，也能走出平凡，成就一番作为。

首批语文特级教师于漪老师，是经历过苦难的一代。一批有着高尚人格、有着民族气节和爱国主义的教师，深深影响着于漪老师。经历过一段煎熬和痛苦时期的她，不仅没有放弃教师之旅，反而更加坚守教师使命，穷尽一生做教师，用一辈子学做教师，是真正的大先生，是吾辈的楷模。从22岁走上讲台，到现在已经步入耄耋之年，对教育一直有着"宗教般的虔诚"，60年的教育生涯，至今也依然活跃在教学改革的前线，坚守着"在讲台上用生命唱歌"。早在"素质教育"的理念而未成型的20世纪70年代，她就提出"教育为育人服务"。她眼中的教育就是通过一节节课、一门门学科，将知识和观念潜移默化地传授给受教育者，促使学生不仅仅在学知识，更学会成"人"——有人心，有人性，有情有义，知道做人的底线。

像这样一片丹心，不为世事纷扰的教师还有很多。如果不是成为一名教师，他们可能会在其他任何一个领域成功，却很难收获无处不在的幸福与踏实。

二、惊险一跃，创新育人思路

知常明变者赢，勇于创新者进，知道应当挑战创新的很多，勇敢迈出创新步子的人却寥寥无几。创新是修行者们的一种态度，是他们的一种观点，更是一种勇气，他们不仅在当下默默耕耘着，而且对于人类教育事业的未来给予殷切的期望和深情的关怀。

1. "敢"字当头

时移世易，不止不息，特别是在发展大变局的今天，是一群焕发着"敢教荒原成沃野，誓将沙碛变新洲"的开拓者，面对日新月异、复杂多变的发展形势，毫不停歇地勇敢创新，才能源源不断地推动教育、教学事业新发展，走向新格局。万事无定数，需要敢想。

创新总是和打破思维定式、打破路径依赖相关，而要迈出这一步，闯出新花样，离不开一个"敢"字。如果畏首畏尾，始终按照既定的教学方法、教育思想，创新便成了无源之水、无本之木。凡是无定论，需要敢闯。

万事开头难，更不必说当一个创新者，在开始时要打破陈规，甚至要逆流而上，不仅要在原有的基础上做得好，还要做得新，可谓难上加难。有创新想法的人不多，有创新想法还敢付诸实践的人则少之又少。遇事无难易，需要敢为。

2."干"字为先

千磨万击还坚劲，任尔东西南北风。创新并不是一句口号，而是一番考验、一道难关，需要实实在在地"干"起来。面对着前所未有的巨大挑战，面对着一切未知的困难，既然已经确定了努力的方向，便不断朝之努力，脚踏实地地"干"起来。

打开一个新局面，尝试一种新方法，都需要有敢为人先的气魄，是身先士卒地进行试验，更是以身作则地作为标杆，创新需要一马当先地"干"起来。名师专家们，总是一股脑地投入创新的工作中去，并常常将自己作为试验品、作为样板点。

要创新，不仅仅是理念的更新，更要凭借一己之力推动一艘轮船的前行，只能在大事小事上进行落实，处处亲为，巨细靡遗。总能看到那些先行者、同行，每天东奔西跑、忙前忙后的身影，忙完教学忙教育，忙完教育忙教学，两手都牢抓，鼓捣得热火朝天，创新还需要热火朝天地"干"起来。

3."甘"字为本

向第一批吃螃蟹的人致敬，因为他们承担了未知的风险和极大的挑战，甘愿试错，来求取可能。创新实践者千千万万，创新功成者却寥寥无几。试错的成本就让大部分人望而却步，不论创新者成功与否，都值得教师敬佩、都值得教师喝彩。

最初创新的人往往是少数人，他们不被人们理解、不被大家认可，他们甘愿寂寞，来求取前景。他们还要用自己的教育教学实践来证明自己的理念观点，更要放弃休息乃至娱乐的机会，投身于事业中。

人们看到他们创新成功的光鲜亮丽，却看不到他们为此付出了多少。在创新的过程中，教师需要付出呕心沥血的代价，需要注入孜孜不倦的努力。然而再高昂的创新成本，也不能阻挡这些先行者的脚步，他们甘愿为此牺牲精力、奉献一生，来求取成果。

校长是引领学校教师团队创新发展的领衔人。"智者宁可防病于未然，不可治病于已发。"他们总是最先感知到新动向，推出新举措，执行新政策。面临着近年来教学改革的崭新课题，有一批校长身先士卒、一马当先，着眼于本校学生的特点，及时调整教育教学的指挥棒，着眼于培养文明文雅、身心两健、学识博厚、多才多艺、和谐发展的学生，并为此做出了许多领先的探索。在他们新理念的不懈引领下，学校所取得的成绩令人瞩目，成功打造出自己"以文化人"的品牌特色，并获得多项荣誉，也受到了家长、社会的广泛好评。

三、积极探索，不断吐故纳新

一切伟大的成就，都是坚持不懈奋斗的结果；一切伟大的事业，都是在继往开来中推进。事物的发展并不是一蹴而就的，而需经历着螺旋式上升，因此创新的修行者，不断向上探索，去攀登全新的顶峰；不断追逐卓越，去突破想象的边界。他们总是在看到胜利曙光之后没有骄傲自满，反而又将一切重新归零，继续谦虚向前，将探索创新的团队发扬壮大，推动探索创新的步履不歇，促进教育事业推陈出新。

1. 发扬光大

先行者不光要做时局航船上的瞭望者，更要做运筹帷幄的领头羊。他们不仅自己身体力行地实践，更是打造了一个个卓越的品牌，带领了一支支优秀的教师队伍，一齐先行。从一个人走，到几个人走，再到一群人走，同行的人数在增多、规模在壮大，影响则更为深远。

2. 步履不歇

初心不与年俱老，奋斗永似少年时，即使已经取得了不错的成就，依然没有停止前行创新的步伐。因为他们深知"凡是过往，皆为序章"之理。虽然在事业中已经收获颇丰，但他们不但不骄傲自满，还继续弘扬拓荒牛的精神，探索步履不歇。

湖南湘潭名校长谭斯月，她不仅积极探索，而且不断将创新的队伍发展壮大，在创新的道路上越走越远。她开辟了坚持以"为学生的终身幸福奠基"为使命，以"情商教育"为办学特色的新道路。

除了自己埋头钻研"心理健康教育"，她所打造的队伍也是全市心育工作起步最早、基础最好、团队最优的。先是带领着本校的教师一同开创探索，让心理健康的理念深入人心。接着构建了学生全体参与、家长全心陪伴、教师全员育人的"三全"心育体系的心理教育团队。队伍越来越壮大，促使各种线上线下的心理健康教育登堂入室、不断发展。

已经收获颇丰的团队，在谭校长的引领下不仅没有止步于此，而且以更加积极的创新精神继续探索，步履不歇。除了构建好心育团队，在落实心理课、举办心理健康周的基础上，还进行了一系列探索：针对学生的心理问题，设计一系列团体辅导课并向省、市推广普及；开通"心语信箱"和"心灵之声"广播，构建全体学生参与的心育课程，做月月有主题、念念有提升的基础性活动以及开发多样社团的提升性活动；持续开办"家长学校"，并在发展过程中不断吐故纳新，注入新鲜血液，使之成为活力持久、效果显著的辅助教育手段。该团队仍在创新的道路上继续求索着……

3. 推陈出新

星空浩瀚无比，探索永无止境。在教育求真的道路上没有尽头，有的是一批批教育者一遍复一遍的创新探索。创新不但是从无到有，而且是蹚别人没有走过的路、拓前人未开垦的荒、做逢山开路的先行者，收获的不仅仅是别样的风景，更是推陈出新，需要把已经取得的成就"适时归零"，另起炉灶，积极奋斗，走向未来。

专题五 励新：求索探真做勇者

以不息为体，贵在常总结而推陈。发展需要依赖源源不断的内在动力，正如行驶在滚滚的历史大潮中的革新之船，倘若没有不停歇的股股泉流在拍打推动，便只能原地踏步，停滞不前。而推动教育变革发展的这些源泉动力，便来自一个个教师、一个个团队夜以继日的反复总结，不断在原有的成果上加以变革。

以日新为道，贵在常迭代而出新。行走在创新路上的修行者，努力攀登却不骄傲自满、矢志奋斗却不故步自封，以迭代为方向、以出新为准则，正是这样的目标和追求，才能造就出1.0版、2.0版、3.0版及以上。

在教学改革的大潮中，无数教师都在不断推陈出新。杭州市文海实验学校的教师，在一年一年的读书会、培训会中经过几轮课改研究的迭代。从2017年开始至今，从优化学习环境，探索主动学习环境下的体验式课堂教学实践；到注重学习本质，进行体验式思维型课堂教学实践；到凸显学习效果，聚焦逆向设计的学习评价实践；再到变革学习方式，借助于评价促进学生学习的课堂教学改革……不断探索指向生活价值的文海深化课堂教学改革新样态。每一次新理论的学习，都是教师对教学实践的新一轮实践和打磨，既是在原来教学改革基础上的大胆尝试，也是不断经验总结的成果和提升。

教师的励新之旅，便是求索探真做勇者之旅。做转变思维的先行者，首先是在励新的精神上补好钙；做学会合作的同行者和构建课程的践行者，便是在行动上加好油；那么做甘于寂寞的修行者，更是在励新的征途上扎好根。永葆一片丹心，敢于惊险一跃，不懈地积极探索，无疑需要莫大的定力、勇气和决心。每一个踏上励新之旅的教师，都将欣赏到教育教学路上不一样的风景。

专题六
传承：薪火相传谱新章

　　薪火相传，是精神与力量的延续。创新是传承的延续和发展，是谱写教育新篇章的重要途径。在传承中，通过师徒相助，吸收新的教育理念、教学方法和教育资源，结合时代的发展和需求，不断创新教育内容和教育方式；通过教师、家长、社会三方形成合力，传承博大精深的中国精神、中华文化、道德风尚，培育有家国情怀的一代新人。

千年春秋，九州四海，华夏文明，源远流长。群与群之相际，代与代之相传，教育的传承始于师傅和徒弟间的传承，更始于教师对学生的教导，这是教育的血脉流传，这是教育力量在生发，师徒间结对同行，是成就彼此之精彩。十年树木，百年树人。一代又一代教师的耕耘，一批又一批人才的培育，换来满园芬芳。

崭新时代，初心不改，赓续奋斗，教育回响。文明之火生生不息，教育精神薪火相传，教育的传承始于学校对家庭的指引，更始于时代对教育的呼唤。教育不仅仅局限于教师和学校，更要担当引领家风的重任，做家庭的摆渡人。时代承载着新的重任，吾辈教师应更努力践行，传承起教育之使命，做时代教师，让教育有回响。

主题 1

师徒互助，成就彼此的精彩

于山巅之上，方见江河壮美；于苍穹之下，方觉星河浩荡。在师傅高屋建瓴的引领点拨下，徒弟方能取得自己的一番小成就；而师傅回首遥望，众多的徒弟取得各色的成绩，教育星空也星光点点，璀璨闪耀。这里的师傅可以是一个人的师傅，更可以是一群人的师傅；这里的徒弟可以是一个人的徒弟，更可以是有多位师傅的徒弟。同样，能成为师傅的，不一定是专家名师，也可以是比较有经验或者有值得他人学习的普通教师；能做徒弟的，可以是初出茅庐的青年教师，当然也可以是有需要向他人学习的教师。"师傅"和"徒弟"没有定论，甚至可以身份转化，唯"向上"是也。

一、愿做点灯人，照亮满路

在前行的道路上，师傅便是点灯人，他们不仅着眼于自身的发展，而且将目光放置于整个团队，乃至整个行业的发展。当好点灯人，照亮教育事业求索之路，当徒弟或同伴有困难时悉心指点迷津，当徒弟或同伴遭遇瓶颈时循循善诱，回望付出时不计回报，一起向未来。

1. 悉心指点迷津

见过更广阔的天空，富有更开阔的眼界，这样的师傅总能以锐利眼光直击问题。在教育教学实践中，针对同一堂课的同一问题，不同的教师会有不同的见解。特别是在磨课时，教师们都各抒己见，公说公有理、婆说婆有理，但是师傅总能在这时候，用自己锐利的眼光看待并解决问题，令徒弟们醍醐灌顶。

2022 年版课标发布后，教师的教育改革该如何实施到位？在大部分一线教师充满困惑、疑云重重的时候，各个学科的"师傅"纷纷展现自己的变革之路，以专业水准直解难疑。提倡用诗意语文照亮彼此的王崧舟老师，进行了《义务教育语文课程标准（2022 年版）》"核心素养"的解读，更是以所执教的《枫桥夜泊》教学片段为例进行分析，将重重迷雾越拨越明。名师是如此，一线教师也是如此，进行核心概念统领下的单元教学设计探索，率先设计范例。

师傅总能以过来人的眼光来指导他人，以丰富阅历直促成长。青年教师常常会面临职业道路选择的难题，选择什么学科？走科研的道路还是教学的道路、管理的道路？师傅则可以分析徒弟的特点，做因人而异的选择，直接促进徒弟成长。

在教育教学路上，教师会遇到很多富有锐利眼光、专业水准、丰富阅历的"师傅"。对于杭州市文海教育集团特级教师郭湘辉老师而言，刚入职的小年轻是她的徒弟，她会帮助徒弟分析职业选择，并以自身的成长故事——正是她选择了更大的挑战，才有更多与专家学者打交道的机会，来启发引导鼓励徒弟；一起搭班的数学教师是她的徒弟，当徒弟遇到班级管理问题不知所措时，她直接指出产生此类问题的原因，并给出解决的建议，来帮助徒弟解决困难；同一个年级一起教研的教师是她的徒弟，在设计单元教学设计时，她指出单元编排的内在进阶逻辑，关注教材间的关联，来更好地设计教学。就是这样一位悉心点拨、平易近人、热心助人的特级教师，凡是一起打交道的教师谁能不愿意做她的徒弟呢?! 在区名师工作室成立以来，其影响力从本年级延伸到全校，又从全校延伸到其他学校，甚至跨区跨省，全国性质的展示活动更是吸引了一批又一批好学的徒弟。

2. 循循善诱

师傅以自己的高标准、高要求、高自律潜移默化地打动徒弟、感染徒弟、影响徒弟，弦歌不辍，以身作则。不论是班级里的教学事务，还是学校里的管理事宜，师傅总是牺牲自己的娱乐和休息时间，亲力亲为，对自己负责，更为他人负责，用自己的一言一行来敦促徒弟。

孔子曰："吾日三省吾身。"但徒弟总会出于"摆烂"心态、"懒惰"心理、"拖延"症状等原因来逃避，这时候师傅督促不怠，其作用就不可忽视了。师傅积极向上的心态、勤勤恳恳的品质、孜孜不倦的学习，能治疗徒弟的"摆烂"，对比师傅反省己身的不足，也能督促自己；师傅有着严格的时间规划，时时督促，常常敲打，徒弟也能治愈"懒惰"和"拖延"。

师傅与徒弟的沟通也不是一帆风顺的，有时候慢性子徒弟会因为师傅的督促而感到焦虑，有时候急性子师傅也会因徒弟的拖延而感到心累。但良药苦口利于病的道理，让师傅乐此不疲，成为那剂真正对徒弟负责的"良药"。

3. 付出不计回报

做师傅的不是在最好的时光遇见了徒弟，而是有了这些徒弟，方才有了这些最好的时光。有的师傅不以自身的发展为乐，而以徒弟的发展为乐，徒弟有所成长、有所收获，做师傅的比徒弟还开心。一位徒弟如此，一群徒弟也是如此，虽说一春芳华，却有桃李万千。

山不让尘而雄伟高大，川不辞盈而宽广无垠，在教师的成长道路上，往往是成就与互相成就，以德而耕，拾获山河。专家名师也不会将眼光局限于个人的发展，他们往往不是一个人在走，而是引领一群人在走，方能行稳致远。

专题六 传承：薪火相传谱新章

三尺讲台存日月，天下桃李成春秋。师傅不是生来就是师傅的，徒弟也不会一直做徒弟，薪火相传，匠心传承，反哺春秋，便是人类的智慧。师傅把一生所学、一生所长教给徒弟，不也是在回报自己的师傅，反哺春秋吗？

能遇到倾囊相授、愿意付出、不计回报的师傅，是教师专业成长路上的一件幸事。湖南第一师范学院黄朝霞教授，对徒弟们总是在生活上十分关心、在专业上积极引领，甘愿牺牲自己的休息时间，成就徒弟们的优秀，更促使其卓越发展。徒弟发来设计、案例、论文、文章，黄教授总是忙完自己的培训工作，挤出时间查阅，并提出修改建议，只为徒弟能更加出彩。这样的师傅是青年教师的良师，更是益友。在她的专业引领下，她的徒弟们成为特级教师或正高级教师，但无论行走多远，大家都对师傅感恩于心，并以同样的方式去引领更多的徒弟。

二、争做求索人，逐梦星河

梦想能照亮求索人心中的每一个角落，然而求索人的逐梦之旅，必定不会一帆风顺，常常充满挑战、布满荆棘，作为徒弟，多用心，用心问、用心学、用心做；多用力，用力坚持，用力研讨，用力发展；多用情，敬爱高山仰止，感恩一朝杏雨。不留遗憾，逐梦星河，成为更好的自己。

1. 多用心，好学善问

做教师要教一辈子，更要学一辈子，学习是教师进步发展的前提，学海无涯，用心问。而教师发展的重要前提便是内驱力，不妨"多用心"，保持一颗谦虚好学的善问之心，敢于尝试，好学善问。

用心发现自己的不足，多多从师傅身上学习，内化无形，用心学。学习他的知识、他的习惯、他的品质，取他之长而补己之短，久而久之，便能越发进步；相反，即便是有了师傅不断地鞭策，但若自己不用心学，那结果也将是事倍功半的。

知不足而奋进，望远山而前行，行者无疆，用心做。有了师傅这盏明灯的指引，前行的道路便明晰了方向，但能行将多远，最终还要看自己前行的步伐。做了多少和走得多远，常常是成正比的。没有付出便没有回报，对待一切任务或者活动，都要用心做。

2. 多用力，勤于学习

行远自迩，笃行不怠。拥有志向和目标还远远不够，不光要心动，还要行动，要脚踏实地、坚持不懈地努力，不妨"多用力"，肯吃苦，耐得住寂寞，勤于学习。风好正是扬帆时，不待扬鞭自奋蹄，抓住一切进步的机会，不论挑战多大，不管成功与否，对于青年教师来说，勤于学习方能对得起自己。用力坚持，学有所成。

除了勤勉地学，教师还要更积极地参与教育教学的研讨，不光要先学习听，倾听他人的观点和方法；还要学习辨，辨别不同观点和方法的优与劣；更要学习说，说出自己的观点和方法等。用力研讨，研有所得。

个人发展是核心要素，但是个人的发展始终离不开团队的发展，团队的发展反过来又能促进、带动、提升个人的发展。作为徒弟的青年教师，则应当配合团队，优质完成任务。从表面上看、从短期上看，似乎是个人在为团队服务，但从本质上看、从长远来看，殊不知个人从中取得的学习和成长终将受益终身。抓住一切可以学习的机会来学习，不抱怨、不气馁、勤于学，终将有所成。用力发展，教有所获。

3. 多用情，心怀感恩

高山而仰止，方知才学疏。翻开历史的篇章，可以看到每一个开篇都有良师留下的痕迹，有了他们前沿性的研究和榜样式的作为，教师才能反观自身的不足。他们是标杆、是先驱、是吾辈模范，难以不心存敬爱。

一朝沐杏雨，回眸念恩师。无论徒弟成为高空翱翔的雄鹰，还是水中自在嬉戏的小鱼，都应向师傅们致敬。如果没有同伴的合作，没有名师专家的引领，往往会止步不前，或是误入歧途，甚至南辕北辙。没有人有义务为自己做任何事，徒弟应常常心怀感恩。

李叔同和丰子恺便是一对令人羡慕的师徒。一直喜爱数理化、从未想过专攻绘画和音乐的丰子恺，却因一次和李老师的谈话，就确立了他专门学画的志向，并追随师傅将一生奉献给艺术。从师傅李叔同身上，丰子恺学到了"凡事认真"的品质。他苦学艺术、闻名于世后，即便已有成就，却仍谨记师恩。在师傅寿辰之际，送上自己精心绘制的画作，而师傅为每幅画提了诗文，并给予继续作画到100幅的嘱托。为此，不论是战乱逃亡之际，还是患有肺癌且被批判之时，他都一笔一笔坚持完成作画，来回报师恩。崇仰恩师，丰子恺用一生去追随一个人，即便遭遇战争、迫害也要践行与恩师的承诺。这样的师徒情感，令人动容。

三、互做同行人，造炬成阳

生命中能与我们做志同道合的同行人，一起走在追梦的道路上，是莫大的缘分。相遇的意义在于彼此照亮，既能有幸被光照，也能努力发光。对于教师而言，有的人因为共同的学科而同行，有的人因为共同的目标而同行，也有的人因为共同的起点而同行。殊途同归，终将共同迎接挑战，并在此过程中互相学习提升，最后成就彼此的精彩。

1. 共同迎接挑战

在征程的道路上，有风有雨是常态，有所信任是基础，相互扶持是动能，师徒且行且寻，相互信任。徒弟信任师傅的点拨和建议，便踏踏实实地做；师傅信任徒弟的负责和用心，便全心全意地教。当团队面临挑战，齐心协力是最好的办法，如果人人争先出主意，难题便迎刃而解；如果人人都退缩当逃兵，终将一事无成。

要成长势必突破原有的格局，向外拓展迎接更大的挑战，师徒且研且思，携手共进，迎接挑战便风雨无阻。每一次的实践虽然不一定都会走向成功，但这都是十分宝贵的经历。遇到困难了，一起停下脚步，共同研讨、共同思索；取得成功了，相互勉励打气，继续携手攀登高峰。

2. 互相学习提升

师傅和徒弟并没有定论，在同行中，徒弟可以向师傅学，师傅有时也会像徒弟学，二者亦师亦友、亦友亦师。

徒弟学习师傅的精神与品质。在教育事业的一生中，某一位师傅只在千里征途中陪你一段，也只能陪你一程，但在这一段一程中，能学到的却是良多。可能是确定梦想奋起的目标和方向的决心，可能是对待事业那份热爱和责任的用心，可能是钻研学问一丝不苟的细致，可能是善于思索、坚持不懈、永远追求的求真精神，可能是面对错综复杂的繁重任务却依旧淡定细致、井井有条……

师傅学习徒弟的活力技能。在徒弟的身上，也存在着很多地方是师傅所没有或者欠缺的。有的徒弟充满活力，遇事心态好，觉得每一天都充满希望，也感染着身边的人享受工作、享受生活；有的徒弟善于运用现代信息技术，不论是做PPT还是做动画、做视频等，都得心应手；有的徒弟有自己的一技之长，正是师傅所求索的……孜孜不倦学习的师傅们也不耻下问，有时甚至还追着问徒弟呢。

3. 成就彼此精彩

在漫长的教学生涯中沉淀下来的，不是取得了多少成就，而是没有虚度的韶华，是没有辜负的初心，是一同前行领略的美景，是彼此勉励的坚持奋斗，时光积淀，岁月沉香。一同行走的时间越长，共同奋斗的经历就越深刻，互相勉励取得的成就也就更精彩，相对于结果，过程往往更令人难忘。

主题 2

百年树人，满园芬芳话桃李

春秋时代的思想家、教育家孔子被奉为"万世师表"。近代的人民教育家陶行知用"生活及教育""社会及学校""教学做合一"的三大主张，以"捧出一颗心来，不带半根草去"的赤子之心，大办农村教育，为万千学子打开接受教育之门，也被世人所敬仰。新时代的人民教师不仅要做"四有"教师，更要做教育的接力者、传承者。

一、守正创新，做发扬中国精神的传承者

千百年来，中华民族历经磨难而不屈，饱尝艰辛而不衰，千锤百炼愈加坚强，是因为在历史的长河中形成了以爱国主义为核心的伟大民族精神。作为华夏儿女，黄河在我们的血脉中流淌，长城让我们永远刚强，传承了五千年的民族精神，正等待我们去发扬光大。

1. 继承传统，红色基因代代传

实现中华民族的文化复兴，不仅仅是物质上的丰富，更重要的是精神文明的传承。这种传承，需要持续不断的动力、开天辟地的勇气、生生不息的战斗力，需要一代又一代接力和弘扬。据退役军人事务部门不完全统计，近代以来，我国已经有2000多万名烈士为国捐躯，其中还有1800多万无名英雄。虽然他们无名无姓，但他们有一个共同的名字，叫"中华儿女"。一个强盛的国家、一个团结的民族，最重要的不是武器有多强大，而是国家的革命精神有多坚定。五四精神、伟大抗战精神、长征精神、延安精神、抗美援朝精神……这些革命精神激励我们传承中华民族优良的红色基因，与时俱进，奋发图强。

在校园文化建设中，教育工作者要加强革命传统教育、爱国主义教育、青少年思想道德教育，使红色基因代代相传。教师可以通过指导青少年中开展读红色书籍、讲红色故事、写红色征文、唱红色歌曲、行红色之旅、演红色节目等活动，努力做到发掘红色资源，传承红色基因。

2. 开拓创新，共圆科技强国梦

中华民族五千年的历史，有发展也有落后，有前进也有后退。鸦片战争、甲午战争，晚清一段段屈辱的历史让我们看到了科技落后就意味着挨打。抗日战争、抗美援朝战争，虽然我们取得了最后的胜利，却因为实力不均衡、国力不对

称，我们的国家也为之付出了惨痛的代价。新中国成立以来，我国大力发展科学技术，无数科学家呕心沥血，潜心研究，为科技发展做出了巨大贡献。邓稼先、钱学森等科学家经过艰苦卓绝的努力，研制出了"两弹一星"，让外国不再觊觎中国的领土。到了 21 世纪，从有线电话到量子通信，从中国高铁到天宫 1 号，从探月嫦娥到蛟龙入海，中国的科技正高速发展。一系列科技成果悄然问世，这标志着发展中的中国已经是用实力说话的科技强国。

"振兴中华，乃我辈之责"，这是我国战略科学家、著名地球物理学家黄大年曾经说过的话。他用 58 载短暂的人生，书写了什么是奉献，回答了什么叫担当，以高超的学术、高尚的品德，铸就一段感人至深的生命历程，留下一座弥足珍贵的精神富矿。《感动中国》组委会曾这样评价他。在医院治疗还坚持带病工作的他因公牺牲后，作为吉林大学的全职教授，他被追授为"时代楷模""全国优秀教师"。习近平总书记曾号召大家学习他的先进事迹，学习他"尊师重教、薪火相传；心有大我、至诚报国；以身许国、无怨无悔"。他是所有留学生的楷模，也是中国教师的楷模，他以短暂而精彩的一生告诉我们，把个体奋斗融入实现中国梦的时代洪流中，才能超越自我、升华自我，写下无愧于人生的壮丽篇章。

3. 与时俱进，培养国际视野观

中华民族是一个兼容并蓄、海纳百川的民族，我们学习借鉴各国人民创造的优秀文明成果，在不断汲取各种文明养分中丰富和发展中华文化。对传统文化我们采取"扬中有弃"的继承方式，才能更好地凝聚民族之魂、扎实民族之根。

《时代教育·始终》刊物中有一期曾经讨论过如何培养学生的国际视野。文中指出，"国际视野"指的是一种思维方法，而并非肤浅地等同于"了解国外事物"。国际视野的培养并不是"国际教育"的专利，它可以也应该融入任何现代教育体系。这种思维方法更关注世界大背景下人类不同文明、经济、社会之间的联系。譬如课堂讲中国的美术，也可以对比西方的美术发展史一起讨论；课堂讲抗美援朝、俄乌战争或欧盟、WTO，都要结合世界背景下的军事、经济情况来观察和分析问题。"国际视野"的背后其实隐含着平等的思想和对人类命运共同体的关注。

二、扎根学习，做中华优秀传统文化的传播者

一个民族只有清楚自己传统文化的历史渊源，清楚民族文化的价值理念，才能在复杂多元的世界文化中求同存异，更好地为人类文明进步做出重大贡献。我们要用心学好中华文化，了解其"讲仁爱、重民本、守诚信、崇正义、尚和合、求大同"的发展形态，感受其深厚的文化底蕴，增强做中国人的骨气和底气。

1. 学习传统文化，感受源远流长

中华优秀传统文化源远流长，其中蕴含的厚德载物、自强不息、任人唯贤、亲仁善邻、讲信修睦等是中华文明的智慧结晶，也是道德观的重要体现。教师和家长要带孩子一起了解中国的历史文化，走进传统文化，才能更好地感受其魅力所在。

湖南省湘潭市由正高级教师、特级教师组成语文名师团队，携手市"全民阅读协会"通过走进社区、学校、家庭，连续七年开展两周一次的经典诵读活动，一年一度的"诗词飞花令"大赛每季都会吸引全市几千名小诗词爱好者从海选突围复赛再到决赛，这几届"飞花令"大赛的冠军都是8~12岁的小学生。因为坚持经典诵读活动在省内颇具影响，该协会被评为"全国终身学习品牌项目"。

除了通过阅读经典、旅行采风、走进博物馆等方式走进中国传统文化，教师还可以通过向学生推荐央视制作的《经典咏流传》《诗词大会》《"字"从遇见你》《中国通史》《江南文脉》《故宫往事》《百年巨匠》《书简阅中国》《中华五千年》《典籍里的中国》《舌尖上的中国》等相关纪录片走进中国传统文化，感受其源远流长之美。

2. 传播华夏文化，展现博大精深

中国是世界四大文明古国之一，且是世界保存最完整，延续至今从未间断过的文明古国，创造了博大精深的中华文化。华夏文化是中国的，也是世界的。敦

煌的女儿樊锦诗、诗词的女儿叶嘉莹，这些老学者都在把毕生所学奉献给所热爱的中国文化，终身致力于中国文化的传播，令人钦佩不已。传播中国传统文化，学校也是教学阵地，教师更是引路人。

　　湖南怀化特级教师覃丽兰和湘西名班主任田慧，为培养学生对传统文化的喜爱，都坚持多年带学生一起研究本地乡土文化，通过走进博物馆、走访老乡、推广少数民族方言和民歌以及族谱文化、共写调查报告等多种方式了解当地风土人情，介绍地方特色。她们希望通过一代又一代的传承和研究，让"怀化闹年锣""土家族打溜子"等非物质文化遗产走进更多人的视野。四川省的谢华老师，虽然教的是英语，但当班主任多年，却很重视学生的语文素养，她告诉学生要写大大方方的中国字、做堂堂正正的中国人，坚持带每一届的学生一起练习书法，把钢笔字写好。20多年坚持下来，她的钢笔字漂亮如帖，学生也以能写一笔工整大方的钢笔字为美。

3. 筑牢文化自信，彰显中华魅力

　　当今世界风云变幻，中华民族伟大复兴正处于关键阶段，我们必须坚持文化自信。每一次世界级大型活动中，中国在世界人民面前的亮相，就是一张最美的名片，是展示中华魅力的最好机会。教师可以通过指导学生一起关注了解这些大型活动，培养学生的文化自信。2008年北京奥运会"绿色奥运、科技奥运、人文奥运"三大主题不仅体现了奥林匹克运动的精神，也让中国体育、经济、科技再上一个新的台阶，中国古老的文化以其独有的魅力为世界所瞩目。之后2022年北京成功举办冬奥会；2023年成都顺利举办世界大学生运动会，开幕式和闭幕式上烟花绚烂、二十四节气之美等各种中国元素的节目表演，运动会期间各种宣传活动，美食、服饰、民乐等多种中国元素都与中国的自然、文化、历史息息相关，让更多人体验到中国文化的独有魅力。近年来，我们很高兴地看到，随着外国人对中国文化的兴趣提升，孔子学院遍布全球，而来中国求学、旅游、移民的外国友人也越来越多，不得不说，这就是中华文化的魅力所在。

诗词的女儿叶嘉莹先生曾说："人生最重要的是保持自己的真心性，心灵的一片清净洁白。而诗词，让我们心灵不死。""我的一生经历了很多苦难和不幸，但我一直保持着乐观、平静的态度，这与我从小热爱古典诗词实在有很大关系。古典诗词中蓄积了许多古代伟大的心灵、智慧、品格、抱负和修养，对我有一种感发生命的感动和召唤。"分别在国内外执教古典诗词 70 多年的叶先生，95 岁时累计裸捐 3568 万元支持古典文化研究。

三、知行合一，做弘扬道德风尚的践行者

2016 年习近平总书记在会见第一届全国文明家庭代表时强调："广大家庭都要重言传、重身教，教知识、育品德，身体力行、耳濡目染，帮助孩子扣好人生的第一粒扣子，迈好人生的第一个台阶。"学校如何帮助学生"扣好人生的第一粒扣子"，总书记为教师指导家庭教育尤其是如何弘扬道德风尚提出了一个重大命题。

1. 加强道德修养，弘扬社会正气

当年广东佛山发生的"小悦悦事件"，以及后来出现的见到老人摔倒要不要扶的大众讨论，拷问着人们的道德修养。提高公民道德修养水平，改善社会公共道德实践，弘扬社会正气，已成为时代所需。落实立德树人根本任务，学校各班德育课堂是主阵地。

广东中山高级中学的名班主任黄建军以所带高中班级为单位，通过多年研究开发了德育班本课程，不定期结合时政要事和新闻事件及时开设主题班队课，引发学生的思考，激发大家的讨论。在课堂上，他有时会回放事件，让学生模拟当事人角色，通过"如果还原现场自己会怎么处理"的活动体验来培养学生的价值观和道德品质。黄老师的班队课程丰富多彩，其班级公众号分享的学生德育实践效果让我们看到新时代高中生的风采。

2. 礼赞道德模范，凝聚精神力量

中国传统道德价值观念"善、孝、礼、勤、新"已积淀成为中国人的文化

道德基因。教师有责任和义务带领学生加强公民道德建设，培育文明风尚，开展主题活动，凝聚道德力量。随着我国公民道德建设的不断加强，社会主义荣辱观的不断加深，越来越多体现社会主义道德要求的模范人物涌现出来。教师可以把两年一次的"全国道德模范"评选活动当成德育素材与学生分享，走进每一个道德模范背后不同寻常的故事，培养学生的道德品质。先后有文花枝、艾爱国、张伯礼等几百名道德模范获此殊荣，教师队伍也有张桂梅、支月英这样朴实的山村教师获奖。

邓小岚老师是清华大学教授，2004 年退休后回到故乡马兰村从事儿童音乐教育，默默坚守辛勤耕耘 18 年，直至累倒在指导学生筹备音乐节的活动中。马兰小乐队发展成为马兰花童声合唱团，成功举办了四届马兰儿童音乐节。在 2022 年北京冬奥会的开幕式上，马兰花童声合唱团用希腊语向全世界唱响了《奥林匹克颂》，展现了山区孩子的动人风采。全国道德模范张桂梅老师的爱生敬业对她的学生也有很大影响。她培养的贫困学生周云丽大学毕业后，放弃城里的编制选择回华坪女高支教，只为了像张老师一样成为一名出色、无私、敬业的优秀教师，帮助更多的学生走出大山，她用行动证明了"最好的致敬，就是成为你"！

3. 倡导道德风尚，传播文明新风

时代进步需要健康向上的道德风尚来引领，社会发展需要道德楷模的力量来推动。这些我们身边的"平民英雄"、生活中的"凡人善举"，能够引导大家从我做起、从现在做起、从身边小事做起，倡导道德风尚，传播文明新风。"感动中国年度人物评选""新时代楷模""新时代好少年""全国教书育人模范教师""全国七一勋章授勋仪式"等表彰会都是教师和学生接受道德洗礼的教育机会。

全国师德楷模中，有乡村教师胡忠、谢晓君夫妇，带上年幼的孩子，扎根山区支教 20 多年；也有"感动中国 2022 年度人物"集体奖获得者——平均年龄 77 岁的 13 位"银发知播"团队，他们都是借助于互联网传授知识的退休教师，

不仅丰富了短视频平台的呈现风格，让硬核知识更接地气，甚至提升了视频直播时代的文化内涵。他们才是真正的值得崇拜的"主播"，更是道德的楷模。

主题 3

指引家风，做家庭的摆渡人

习近平总书记在 2015 年新春团拜会的讲话中指出："家庭是社会的基本细胞，是人生的第一所学校。不论时代发生多大变化，不论生活格局发生多大变化，我们都要重视家庭建设，注重家庭、注重家教、注重家风。"家庭是社会的最基本单元，弘扬家庭美德、营造良好的家风是共建和谐社会的基本途径。学校教育固然重要，却代替不了家庭教育。教师如何发挥职业优势，对家庭教育尤其是家风建设进行有效指导，是新时代面临的重要教育课题。北大肖川博士说过："教育的过程就是一个不完美的人引领着另一个（或另一群）不完美的人追求完美的过程。"教师虽然不完美，带着学生和家长一起朝着向往的教育努力，是使命，也是责任，更是成长！

一、走进学校，建设有家趣家味的班级文化

"学校啊，当我把我的孩子交给你，你将给他怎样的教育？今天早晨，我交给你一个欢欣诚实又颖悟的小男孩，多年以后，你将还我一个怎样的青年？"作家张晓风一篇《世界，我交给你们一个孩子》，是对学校教师的温柔提醒。学生进入校园，首先要融入的就是班级，班级既像一个大家庭，也像一个小社会，班主任作为"一家之长"，对学生的影响尤为重要。教育家夏丏尊曾说没有爱就没有教育，教师应该相信"有爱的地方就有家"，班主任也能让班级成为"相亲相爱一家人"。

1. 文化熏陶，班级学风更自然

班级文化是一种隐形课程和宝贵资源，运用得好，如春风化雨润物无声。教师可以从物质文化、制度文化、精神文化和行为文化等方面来打造班级文化，重在精神文化的引领和学风的自然形成，调动学生的积极性，使学生以校为荣，爱班如家，养成良好的品德，展现出积极向上的班级风貌。

许多经验丰富的班主任在带班时很注重班级文化的打造，设计的班级名称别有新意，如"小白杨"班（挺拔、坚毅）、"小水滴"班（上善若水，水滴石穿）、"幸福苗圃"班（自然之道，快乐成长）、"博雅班"（博学多思、雅静致远）……这些班名听上去亲切可爱，仿佛家人抱团赋能，给人成长的力量。

2. 习惯养成，班级活动更精彩

班级文化的形成、建设和发展都是在班级活动中完成的。班集体活动是全班师生自主活动的一种教育形式，可以增进同学间友谊，拓宽学生知识面，发挥学生特长，也是学生进行自我品德教育的重要阵地。除了植树节、学雷锋、学英烈、运动会等传统活动外，班级还可以开展有家味特色的主题活动，增强班级凝聚力。

有一位优秀的班主任在开发主题班队活动方面有着多年研究：如一年一度的"迎新年家庭联欢会""经典诵读会"和读书分享会等，还有美食节、"今天我来当妈妈""护蛋行动""保护母亲河""我来当河长"等体验活动。这一系列活动在丰富学生课外知识、增强学生生活体验的同时，也帮助学生养成更好的学习、生活习惯。

3. 有爱滋养，班级家味更浓厚

孔子曰："其身正，不令而行；其身不正，虽令不从。"教师只有具备良好的师德师风，学生才会"亲其师，信其道"，进而"乐其道"。如何感受爱、表达爱、传播爱是教育的智慧，教师应该用自己的特色践行爱的教育。

比如，小学毕业班学生在母校留"时光胶囊"，而母校则为毕业生送小学成长纪念册；为了记录学生的成长足迹，有的教师十多年来坚持为所带班级写教育随笔；还有很多教师因用网络平台分享班级教育故事而在全国小有名气，如信阳余东方老师的博客"子非鱼"、长沙璩艳霞老师的公众号"鱼儿老西"、中山黄建军老师的公众号"生命的相会"……这些用爱滋养学生的学校和教师，也让学生对班级和学校产生眷恋并引以为傲。

广东珠海名班主任严杏老师，一边写博客记录学生校园故事，一边不断创新班级周报设计，其中包含"宝贝故事""我为你喝彩""爱的鼓励"等栏目。多年的家校互动，使家长也渐渐习惯回到纸质信笺的"从前慢"时光……《最是童真惹人爱，人间有味是清欢》是严老师一封班级周报的随笔寄语，《秋风秋思秋意浓，家书传情抵万金》是家长回信的标题，毕业时严老师为学生们出版了《身边的小豆豆》，文字中流淌的"家的味道"而让家长和学生为之骄傲。

二、回归家庭，营造有家风家教的家庭氛围

在中国历史长河中，广泛流传的《颜氏家训》、孟母三迁、岳母刺字等故事都是家风家教的典范。重视家风家教，既能增强家族凝聚力，又能传承优秀家族文化，更能造就中华民族崇德向善的美好传统，培养仁、义、礼、智、信的优秀品德，弘扬爱国敬业、睦族友邻的社会风尚。

1. 重家风，种德者必培其心

家风，是一个家庭发展的主旋律，也是给后人树立的价值准则。家庭是社会基本细胞，好家风是一个人精神成长的摇篮。在中国历史的群贤谱上，很多人带着自己的家风走入社会。北宋司马光的家风有"有德者皆由俭来也，俭以立名，侈以自败"；爱国将领吉鸿昌的家风强调"做官不许发财"；晚清名将林则徐受家风影响写下名句"苟利国家生死以，岂因祸福避趋之"。随着新时代教育的发展，教师和家长都应该承担起加强家庭、家教、家风建设的责任。近几年来，不

少中小学进行了注重家风建设的相关课题研究，很多学校开设家长大讲堂，开展如"了解家谱、重温家训、再写家书"等相关主题活动，在家校携手共育的路上有一定的创新。

"'书信传情会心笑，无人知是故友来'，喜欢石老师上周家书主题。不知不觉班级家书已写满100封。六年来，我们194班就是用这样一种见字如面的特别形式交流、提高、共勉，同时也开启了一个班级55个家庭的父母、孩子成长之旅。"这是湖南省正高级教师、特级教师石灵芝老师班级学生家长的家书留言。石老师作为母亲不仅坚持多年为儿子和家族的晚辈们写家书，作为教师也坚持为所带的班级写家书。"教育最贴近幸福，因为它最贴近人心"，教师给家长、孩子写家书，家长给教师、孩子写家书，孩子给教师和家长写家书。石老师的特色家书既为班级示范文化的传承，同时也提醒大家静下心来互相学习，深度反思，在分享和学习中做最好的自己。

2. 懂家教，种树者必培其根

蔡元培先生曾说："家庭者，人生最初之学校也。"家庭教育，就是对"根"的教育，只有"根壮"才能"叶肥"，教育同理"庄稼养根"，方能"育人养心"。近年来，我们经常会通过新闻看到某小区熊孩子高空扔物砸伤大人、某影院学生观影脚踢座位惹观众不满、某高铁车厢内"熊孩子"追逐打闹影响乘客休息之类的现象，很多家长把"熊孩子"的不守规矩当作活泼可爱，把不守规矩当作独立自主，这样的家长和孩子都需要教育与反思。

湖南省黄建平德育名师团队在这方面有多年的研究，该团队携手10多所家庭教育示范基地校，集结30多位班主任深入开展"德育生活化"课题研究，编写了地方教材《培养和谐大爱的心灵》1~9年级丛书，内容涵盖"家庭篇""学校篇""社会篇"，如在家如何当文明孩子、在校如何当文明学生、在外如何当文明市民等家教规矩和公共礼仪，受到广大学生和家长的好评。

3. 做家长，父母终生必修课

托尔斯泰说："教育孩子的实质在于教育自己，而自我教育则是父母影响孩子的最有力的方法。"教师应该通过自身的终身学习去影响家长。"只有真正懂得爱孩子的人才明白如何教育孩子"，学校可以通过有目的、有方向、有计划、有内容地开设家长学校、家长讲堂、家长课程、班级网络等平台，和家长一起学习家庭教育的基本原则、方法、技巧等，增强和孩子沟通的效果，增进亲子关系。比如带领家长一起学习《家庭教育法促进条例》，了解关于家庭教育的基本内容；学习加德纳的"多元智能"理论（见图6-1），明白每个人的智力都有独特的表现方式，尽早观察并发现孩子某方面的天赋再加以训练和放大发挥。

图6-1 加德纳的"多元智能"理论

教师还可以通过专业阅读来指导家长共读如李希贵的《家庭教育指南》，还可以学习如《正面管教》《孩子，把你的手给我》《好教育成就好孩子》《蹲下来，用爱和孩子说规矩》《家庭教育成功法则》等与家庭教育相关的书籍，了解无论是家庭教育，还是学校教育，最好的方式都是尊重、滋养、唤醒、催生、引导、赋能、共美，是彼此契合，相互成就；是彼此润泽，共创未来。

湖南省优秀班主任、优秀师德巡讲专家杨水平老师，10多年来坚持带班同步开设"家长学校"，长期研究如何优化家校共育。她在学校带了6年的306班，每天坚持以家教美文或教育箴言问候"早安306"，以每日自己记录的校园故事或分享推荐绘本问候"晚安306"，以每周一封班级家书"牵手306"，以每月向家长推荐一本家教好书"共读306"，以每月一个家长大讲堂"共长306"，更好地落实家校共育效果。带班6年，在她的影响下，有的孩子妈妈也跟着她一起报考家庭教育指导师证，或当志愿者参与家庭教育公益研讨活动。尽管家长各自示范的方式不一样，但从中可以看到父母和孩子共学共长的力量。

三、面向社会，争做有家国情怀的爱国公民

家国情怀，是中华民族的优良传统，是中华民族赓续传承的精神基因，也是维系炎黄子孙的精神纽带。学校和家庭都有责任引导学生把个人理想与国家发展的命运紧密相连，把爱国情化为报国行自觉融入祖国的伟大复兴大业之中，弘扬家国情怀，自觉担负建设祖国事业的新使命。

1. 爱小家，爱大家，家和万事兴

《家和万事兴》一书中写道："将相和、国富强，家人和、业必兴。夫妻协力山成玉，婆媳同心土变金。妻贤夫祸少，子孝父心宽。老爱小、少敬老，和睦堂里富寿广，和气家中人为贵，和为富也。"国安千般好，家和万事兴。家庭是一个国家的单元细胞，爱小家，就是朴素的爱国；社会是一个国家的气象风貌，爱大家，也是淳朴的爱国。

学校和教师还可以结合国家大事中的国民小故事来对学生加强爱国教育。1998年长江洪灾，2003年北京非典来袭，2008年汶川地震，2019年武汉新冠疫情，一方有难，八方支援。我们总会看到武警官兵第一时间奔赴最前线，也会看到全国各地志愿者先锋队驰援受灾地，还会看到无数个单位、组织、家庭心系灾区疫区，积极捐款捐物，众志成城共克时艰。最真的心献给最爱的国，这已经成为国人唱响时代的主旋律。很多经验丰富的班主任往往会抓住教育的契机，如组织学生与家长一起开展寻找"战役"中最美的身影，并动笔写信以此表达心中的敬意。通过这样

的活动，学生们知道了"宅在家"、不添乱就是最好的"战斗"。

2. 早立志，立长志，怀志存高远

少年智则国智，少年强则国强。青少年一代有理想，民族就有希望。青年不仅要早立志，还要立大志、立长志，把自己的人生理想追求目标同祖国的发展联系在一起，以小我融入大我，才能更好地实现社会价值。数学家陈景润少年时就立志要在数学上有所作为，后来攻克"哥德巴赫猜想"，创造了欧洲人用计算机都没能做到的奇迹；周恩来从小就立下了为"中华之崛起而读书"的志向，最终成为一代伟人；钱学森立志研究出中国的原子弹，拒绝国外的各种诱惑，克服重重困难，毅然回归祖国的怀抱，研制出我国首枚原子弹，把毕生奉献给祖国的核弹事业。

"人无志不立，学无志不成"，立志是孩子进步的动力，更是成长的动力。立好志才不会跟风随波，才能坚定地勇往直前。教师和家长如何引导孩子立志呢？可以从以下几方面尝试：（1）家长要给孩子做好榜样；（2）培养孩子的学习主动性是引导孩子立志的基础；（3）帮助孩子树立信心；（4）家长也可以通过名人名言、名人故事，并结合时政要闻适时激励并引导孩子立志。

3. 三观正，爱国荣，大写民族魂

从"死去元知万事空，但悲不见九州同"的为国而悲，到"王师北定中原日，家祭无忘告乃翁"的遗愿……爱国情怀贯穿了陆游的一生；"我自横刀向天笑，去留肝胆两昆仑"，是谭嗣同誓死不屈的决心和坚定的爱国之情；从解放战争中的刘胡兰到抗美援朝中的杨根思、孙占元，再到新中国的公仆焦裕禄、任长霞，从他们身上我们能看到爱国的力量是多么强大！

随着时代的发展，许多青少年很容易迷失自我，教师和家长应该加强对学生的爱国主义教育，引导学生坚持爱国信仰，弘扬社会主义荣辱观，不断增强其民族自尊心、自信心和自豪感。教师可以把爱国主义教育与升旗仪式、祭奠英烈等常规教育结合，通过开展主题演讲、读书征文、军训体验、研学参观等多种形式的活动促进学生良好品行的形成，使爱国主义教育更具有感染力。

教师同样可以带领学生一起关注新闻时事，比如通过以下专题内容为素材的主题班会增强学生的爱国热情：中国成功举办2008年夏季奥运会、2022年北京冬季奥运会、向太空发射"一箭多星"、"天问一号"登陆火星，我们为之骄傲；360行行行出状元，无论是在世界职业技能大赛中的焊接冠军曾正超，还是奥运会站在最高领奖台的奥运冠军，他们都是中国的骄傲！我们还应向抗美援朝战争中的先烈致敬；为新时代扶贫攻坚过程中的榜样如从耶鲁大学毕业回湖南农村当"村官"的秦玥飞、放弃北京高薪职位扎根农村建设的大学生村官黄文秀致敬；向真正应该追的明星如航天员杨利伟、抗疫英雄钟南山、杂交水稻之父袁隆平致敬；向飞行员王海、戍边烈士祁发宝等英雄致敬；通过观看《战狼》《长津湖》等爱国电影，坚定"犯我中华者，虽远必诛"的爱国卫要信念，相信"当你在海外遭遇危险，不要放弃，请记住，在你身后，有一个强大的祖国"！

捐躯赴国难，视死忽如归。鲁迅先生说得好："唯有民魂是最可贵的，唯有它发扬光大起来，中国才有希望。"

主题 4

紧跟时代，让教育必有回响

在时光的长河中，教育如同一首永恒的乐章，奏响着人类文明的旋律。教师是那些紧跟时代的践行者，用心灵的旋律，让教育必有回响。教师是那些探索者，勇敢地踏上未知的道路，用勇气和创新开启教育的新篇章。在这个充满变革和挑战的时代，教师肩负着重要的使命，教师是那些紧跟时代的践行者，用爱和智慧，让教育必有回响。紧跟时代的步伐，让教育必有回响，成为教师面对的重要课题。培育学生紧跟时代的需求和号召，从一线到管理，从教书到学校发展，让国家的教育事业欣欣向荣，成为教师共同的目标。

专题六 传承：薪火相传谱新章

一、从课本走向社会，理解时代脉搏中的教育方向

随着时代的发展，教育的目标也在不断演变，现代社会对学生的需求也在不断变化。传统的课本教学已经不能满足当今社会的需要，教师需要将教育与社会紧密结合，让学生在真实的社会环境中学习和实践。教师要将学生引导到真实的情境中解决问题，这样可以帮助学生更好地理解生活和世界，增强解决实际问题的能力。

1. 学习党的教育方针，培养党的事业接班人

2018年9月10日，在全国教育大会上，习近平总书记明确提出"培养德智体美劳全面发展的社会主义建设者和接班人"的新要求，体现了五育并举的人才培养新思想，适应了落实立德树人根本任务的需要。学习党的教育方针，是教师对于培养优秀人才的重要举措，也是实现中华民族伟大复兴的必由之路。作为党的事业接班人，教师应该时刻紧跟时代的步伐，努力学习先进的思想和知识，不断提升自己的综合素质和实践能力，以更好地服务人民、建设国家。当前，中国特色社会主义进入了新时代，这是我国经济社会发展的崭新历史方位，也是我国教育事业发展新的历史起点。教师要一如既往地把贯彻执行党的教育方针作为重要政治任务，为实现中华民族伟大复兴的中国梦做出新的更大贡献。

2. 了解教育文件方案，把握教育前行的节奏

2021年7月，中共中央办公厅、国务院办公厅印发《关于进一步减轻义务教育阶段学生作业负担和校外培训负担的意见》，旨在强化学校教育主阵地作用，深化校外培训机构治理，缓解家长焦虑情绪，构建教育良好生态，促进学生全面发展、健康成长。教育文件方案是推动教育改革的重要依据，了解教育文件方案，有助于教师更好地把握教育前行的节奏，从而推动教育事业的不断发展。把握教育前行的节奏，意味着教师要及时调整教育教学内容和方法，适应时代的需求和变化。教师要关注教育改革的动态，积极参与教育创新实践，不断提升教育质量和水平，认真学习和研究教育文件方案，从中发现问题、解决问题，为教育改革贡献自己的力量。

3. 结合区域教育特点，探索教育实践的模式

区域教育特点是指每个地区在文化、经济、社会背景等方面都存在一定的差异性，这也意味着教育模式需要因地制宜，充分发挥区域特色，以满足学生的需求和适应时代的要求。在探索教育实践的模式时，教师需要充分了解所处地区的特点和需求，包括了解当地学生的文化背景、经济环境、产业发展等方面的情况。通过深入了解学生和家庭的实际情况，教师可以有针对性地制定教育方案，让教育更加贴近学生的需求和现实情况。

江苏省南京市浦口区行知教育集团总校长杨瑞清，41 年坚持扎根乡村办教育，始终践行陶行知教育思想，走出了一条现代乡村学校独具特色的时代新人培育之路。他创办的行知小学从一所简陋破旧的乡村小学发展成为集幼、小、中和教育实践基地于一体的集团化现代学校。他创建教育基地，把乡土生活作为教学资源，积极探索学生校外活动、劳动实践、生态教育模式。

通过结合区域教育特点，教师可以在教育实践中探索出适合特定地区的教育模式。这种模式既能够满足学生的需求和学习特点，又能够紧跟时代的发展趋势，培养出具有创新精神和实践能力的学生。这种模式的实施不仅可以提高教育质量，而且可以促进地方的经济和社会发展，真正实现让教育与区域特点相结合，为学生的未来发展打下坚实的基础。

二、从本土到世界，全球视野下的教育变革

从本土到世界，全球视野下的教育变革正在成为当今时代的重要议题。随着全球化的加速和信息技术的飞速发展，教育正面临前所未有的挑战和机遇。在这个多元化、互联互通的时代，教师需要拥有全球视野，积极参与到全球教育变革的潮流中。全球视野下的教育变革意味着教师要超越本土的局限，借鉴和吸收世界各地的先进教育理念和经验。教师需要关注全球教育趋势，了解不同国家和地区的教育制度、教学方法和教育政策，以此为借鉴和启发，推动本土教育的创新和发展。

专题六 传承：薪火相传谱新章

1. 了解新时代的学生，培养适应未来发展的人

为了培养适应未来发展的人才，教师需要深入了解新时代的学生，了解每个学生的学习特点和需求，根据学生的差异性，采用个性化的教学方法和辅导方式，帮助每个学生实现最大程度的发展。新时代的学生生长在信息技术高度发达的环境下，他们更加熟悉和依赖于数字化工具和互联网，善于获取和处理大量的信息。他们对创新和变革具有强烈的追求，对知识的实用性和应用性要求更高。因此，教师需要针对他们的特点，培养他们的创新思维和实践能力。教师可以结合数字化技术和在线学习平台，创造更有趣、有活力的学习环境，激发学生的学习兴趣和主动性。同时，教师还需要注重培养学生的好奇心、探究能力等。除了扎实的学科知识，他们还要具备创新思维、解决问题的能力、团队合作精神以及跨文化交流能力。这些都是未来社会所需要的基本素质和能力。

2. 紧跟 AI 时代的教育，进行教育方式的变革

随着人工智能时代的来临，教育领域也面临着巨大的变革和革新的机遇。AI 技术的快速发展和应用，为教育提供了全新的可能性和潜力，教师有责任和使命探索如何将 AI 融入教育中，以适应这个数字化时代的教育需求。AI 技术具备强大的智能计算能力和丰富的数据处理能力，能够为教育带来革命性的变化。教育方式的变革可以通过 AI 技术的应用来实现。例如，个性化学习已经成为教育领域的一个热点话题，AI 可以根据学生的个体差异，提供个性化的学习资源和教学策略，帮助学生更好地发展自己的潜力。此外，AI 还可以通过智能辅导系统、虚拟实验室和在线学习平台等方式，为学生提供更多的学习机会和资源。

教育方式的变革也需要教育者的积极参与和投入。教育者需要了解 AI 技术的基本原理和应用场景，掌握如何与 AI 技术进行互动和合作，不断学习和探索如何在 AI 时代培养学生的创新思维、解决问题的能力和人际交往能力。了解接触 AI 时代的教育，教师需要持续进行教育方法的变革和创新。AI 技术带来的优势和潜力需要与人类教育智慧相结合，实现更加人性化、有温度的教育。只有紧跟时代的脚步，让教育与 AI 技术相结合，教师才能让教育真正有回响，培养出适应未来社会发展的新一代人才。

3. 关注全球化趋势，传承中培育新时代学子

在紧跟时代的发展中，全球化趋势日益明显，国际交流与合作变得前所未有的紧密。对于教育而言，关注全球化趋势至关重要，教师需要传承优秀的传统文化，同时培育具备全球视野和国际竞争力的新时代学子。在文化传承中培育新时代学子，意味着教师要在教育中注重培养学生的跨文化沟通能力和全球意识。而在传承优秀的传统文化的同时，教师也需要注重培养学生的创新精神和国际竞争力。在教学中，教师可以引入新颖的教育方式和评价体系，培养学生的批判性思维和解决问题的能力。

关注全球化趋势，传承中培育新时代学子是教育的必然要求。只有通过全球化视野和创新思维的培养，才能让学生在全球化的竞争中脱颖而出，为国家的发展做出更大的贡献。同时，传承中灌输优秀的传统文化，也可以使学生对自己的文化身份有更深层次的认同感和自豪感。让教育真正紧跟时代，让学生能够在全球化的时代中立足、发展，为未来做好充分准备。

三、从一线到管理，育人方式的系统化构建

从一线到管理，育人方式的系统化构建是一项重要的任务，育人方式的系统化构建需要教师不断学习和实践。通过不断提升自己的管理能力和教育理念，教师能够更好地引领团队，构建科学的育人方式，为学生的成长和发展做出更大的贡献。

1. 聚焦一线，在不断学习中提升水平

作为教育系统中最为重要的推动者和实践者，一线教师的作用不可忽视，作为一名一线教师，需要关注教育前沿，积极关注教育领域的最新动态和研究成果，积极探索和应用教育技术，将其融入教学中，了解和学习使用各种教育科技工具和平台，如在线教学平台、教育 App、虚拟实境等，以提高教学效果和学生参与度。与学生保持密切的互动和沟通，了解学生的兴趣、需求和学习方式，根据时代的变化和学生的特点，调整教学内容和方法。积极推动跨学科教学，将不同学科的知识和技能进行整合和应用。不断提升专业知识水平和教学能力，参加教育培训和进修课程，与同行交流和分享经验。

除了专业发展，教师还可以参加教育培训、研讨会、学术交流等活动，了解最新的教学理论和方法，不断更新自己的知识和技能，与同事分享教学经验和教材资源，相互学习和借鉴，共同提高教学水平。学校也可以为教师建立良好的支持体系，提供教学指导和咨询服务，为教师提供切实的帮助和支持。同时，要鼓励教师进行实践探索，提倡教师间的合作和共享，共同推动教育的进步和发展。

2. 赋能中层，在反复实践中磨炼能力

在紧跟时代的教育发展中，学校中层干部起着至关重要的作用。他们负责组织和协调学校的各项教育任务，是学校管理和教学工作的中坚力量。为了让教育必有回响，教师需要赋能学校中层干部，帮助他们不断在实践中磨炼自己的能力。赋能学校中层干部需要从多个方面展开。教师要鼓励学校中层干部参与反复的实践，培养他们在实际工作中的经验和技能。通过承担项目管理、课程改革、教师培训等实践任务，他们可以不断面对挑战和问题，锻炼解决问题的能力和应变能力。同时，教师要提供良好的支持和反馈机制，让他们能够及时了解自己的表现并加以改进提升。

赋能学校中层干部不仅有助于提升他们个人的能力，而且能够推动整个学校的发展。他们可以成为学校各项工作的重要推动者和协调者，带领团队实现教育目标和愿景。通过不断实践和磨炼，学校中层干部能够逐渐成长为具有领导能力和创新精神的教育管理者，为学校的发展注入新的活力和动力。通过不断提升中层干部的能力和素质，教师可以建立富有活力和创新意识的学校团队，为学生提供更加优质的教育服务，让教育真正回应时代的需求和变革。

3. 领导先行，在师生共同成长中成就自我

在紧跟时代的教育浪潮中，教育局长或校长作为领导者起着至关重要的作用。他们的领导力不仅影响着学校的整体发展，而且直接影响着师生的成长和进步。为了让教育必有回响，这些教育行为的决策者必须具备一定的管理能力和决策能力，而且重要的是能够激发教师和学生的潜能，促进他们的成长和发展。在师生共同成长中，校长可以成为学校文化的倡导者和践行者，通过树立正确的教育理念和价值观，为师生树立榜样；局长可以打造积极的教育氛围，鼓励教师创新教学，为学生提供多元化的成长机会。此外，还可以注重教师和学生的发展需

求，提供相应的培训和支持，帮助他们不断提升自身素质和能力。

浙江省杭州市钱塘区经过30年的发展，由一片滩涂发展成为今天的都市，新区成立伊始，就把教育放在了重要位置。当地现任教育局局长钱晓华主要思考的问题就是如何让钱塘教育保持向上态势，实现赶超领跑。在区委区政府主要领导的亲自指导、高度关心下，区教育局牵头制定《钱塘优学全方位综合提质三年行动计划》，通过"校舍建设提标、教育管理提效、名校打造提速、师资队伍提能、教育质量提优、服务能力提级"等六大改革行动、20项重点工程，共同打造"钱塘优学金名片"，通过努力，钱塘区教育现代化综合实力跻身全省前列。

湖南省湘乡市教育局党委书记、局长陈友明倡导"以强师计划赋能体质"，向教师培训要质量，自主安排年度教师培训经费达500万元，把湖南省4所师范类高校作为中小学教师培训基地，每年组织5批、不少于2000人次的高校实地培训，搭建教坛新秀—教学能手—骨干教师—学科带头人—教育名师的"梯级式"教师培养平台。

教育是社会进步的重要引擎，而紧跟时代则是教育的必然要求。紧跟时代，让教育必有回响，需要教师不断学习和成长、不断探索和创新。教师应积极参与教育研究和教学实践，不断提升自己的教育水平和教学能力。同时，教师也应与学生建立良好的互动和沟通，了解他们的需求和反馈，不断调整和改进教学方法，确保教育的回响能够真正触及学生的内心。只有紧跟时代，不断创新和改进，才能让教育真正发挥其应有的作用，为学生的成长和未来的发展奠定坚实的基础。在当今快速发展变化的社会背景下，教育必须与时俱进，不断适应和引领时代的发展，只有紧跟时代的教育才能真正满足学生的需求，为未来培养出具有创新精神、适应力强的人才。

参考文献

［1］郭其俊. 教师的绝活［M］. 南京：南京大学出版社，2017：50-84.

［2］于永正. 给初为人师的女儿20条贴心建议［M］. 北京：教育科学出版社，2018：1-8.

［3］三好真史. 教师的语言力［M］. 北京：北京科学技术出版社，2021：1-6.

［4］汤勇. 做一个卓越而幸福的教育者［M］北京：北京教育出版社，2022.

［5］苏霍姆林斯基. 给教师的建议（下）［M］. 北京：教育科学出版社，1981：244.

［6］习近平. 决胜全面建成小康社会 夺取新时代中国特色社会主义伟大胜利——在中国共产党第十九次全国代表大会上的报告［N］. 人民日报，2017-10-28（01）.

［7］习近平在全国教育大会上强调坚持中国特色社会主义教育发展道路培养德智体美劳全面发展的社会主义建设者和接班人［N］. 人民日报，2018-09-11.

［8］习近平. 在北京大学师生座谈会上的讲话［N］. 人民日报，2018-05-03（02）.

［9］习近平在北京市八一学校考察时强调 全面贯彻落实党的教育方针 努力把我国基础教育越办越好［N］. 人民日报，2016-09-10（01）.

［10］成尚荣. 新时代大先生之"大"［J］. 中国教育学刊，2023（08）：1.

［11］成尚荣. 努力开辟实践育人的新领域、新赛道［J］. 人民教育，2023（02）：21-24.

［12］李明新. 走向"大先生"的三种立业方式［J］. 新课程评论，2022（10）：7-12.

［13］兰溪. 教师应由"指路人"变为"引路人"［J］. 基础教育研究，2017（18）：1. DOI：10. 3969/j. issn. 1002-3275. 2017. 18. 001.

后 记

在编写本书的过程中，编者借鉴和参考了国内外一些知名专家的著作和研究成果，引用了一些教师的案例和文章，在此向所有专家、教师致以衷心的感谢！受沟通渠道所限，我们未能与所有作者取得联系。敬请相关作者与我们联系，电子邮箱：taolishuxi@126.com。

编 者